JN437579

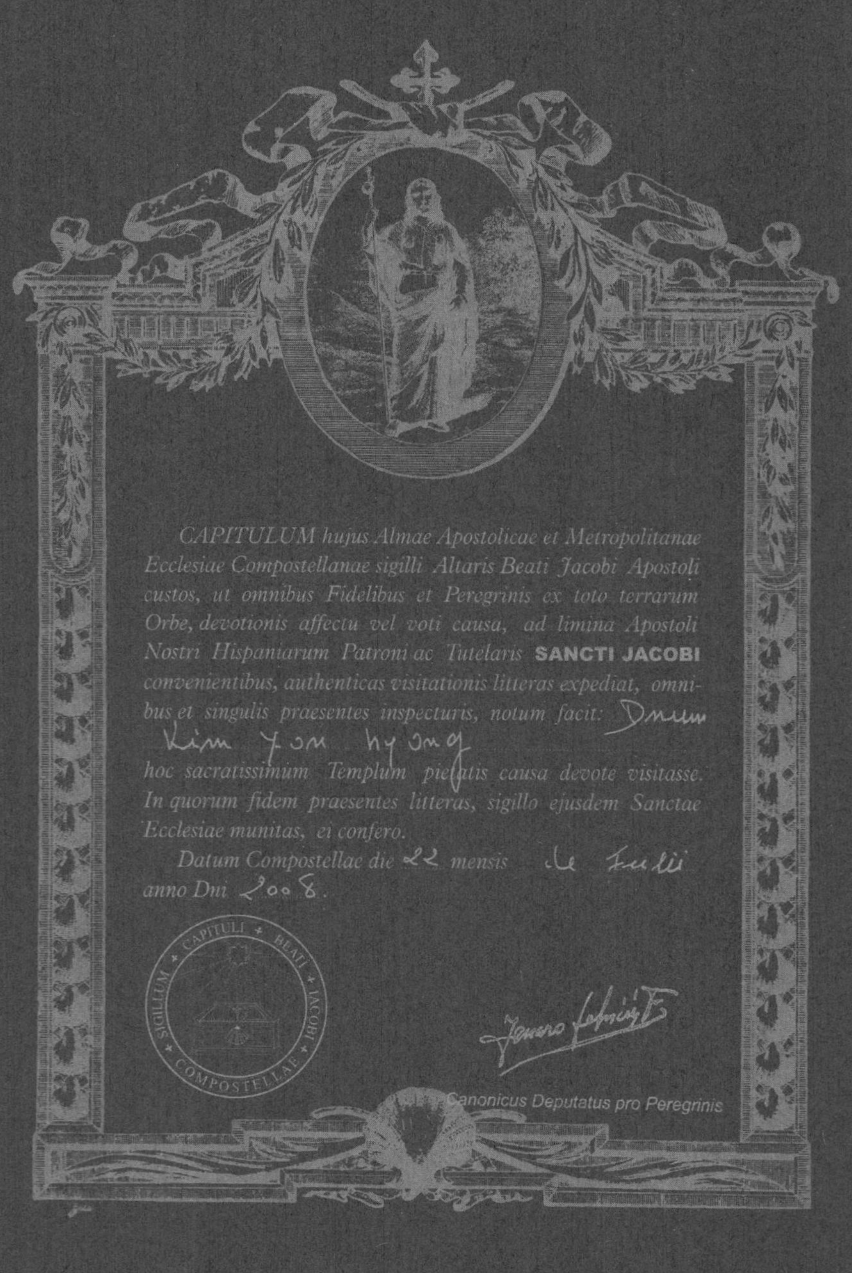

CAPITULUM hujus Almae Apostolicae et Metropolitanae Ecclesiae Compostellanae sigilli Altaris Beati Jacobi Apostoli custos, ut omnibus Fidelibus et Peregrinis ex toto terrarum Orbe, devotionis affectu vel voti causa, ad limina Apostoli Nostri Hispaniarum Patroni ac Tutelaris **SANCTI JACOBI** convenientibus, authenticas visitationis litteras expediat, omnibus et singulis praesentes inspecturis, notum facit: Dnum Kim Jon hyong hoc sacratissimum Templum pietatis causa devote visitasse. In quorum fidem praesentes litteras, sigillo ejusdem Sanctae Ecclesiae munitas, ei confero.

Datum Compostellae die 22 mensis de Julii anno Dni 2008.

Canonicus Deputatus pro Peregrinis

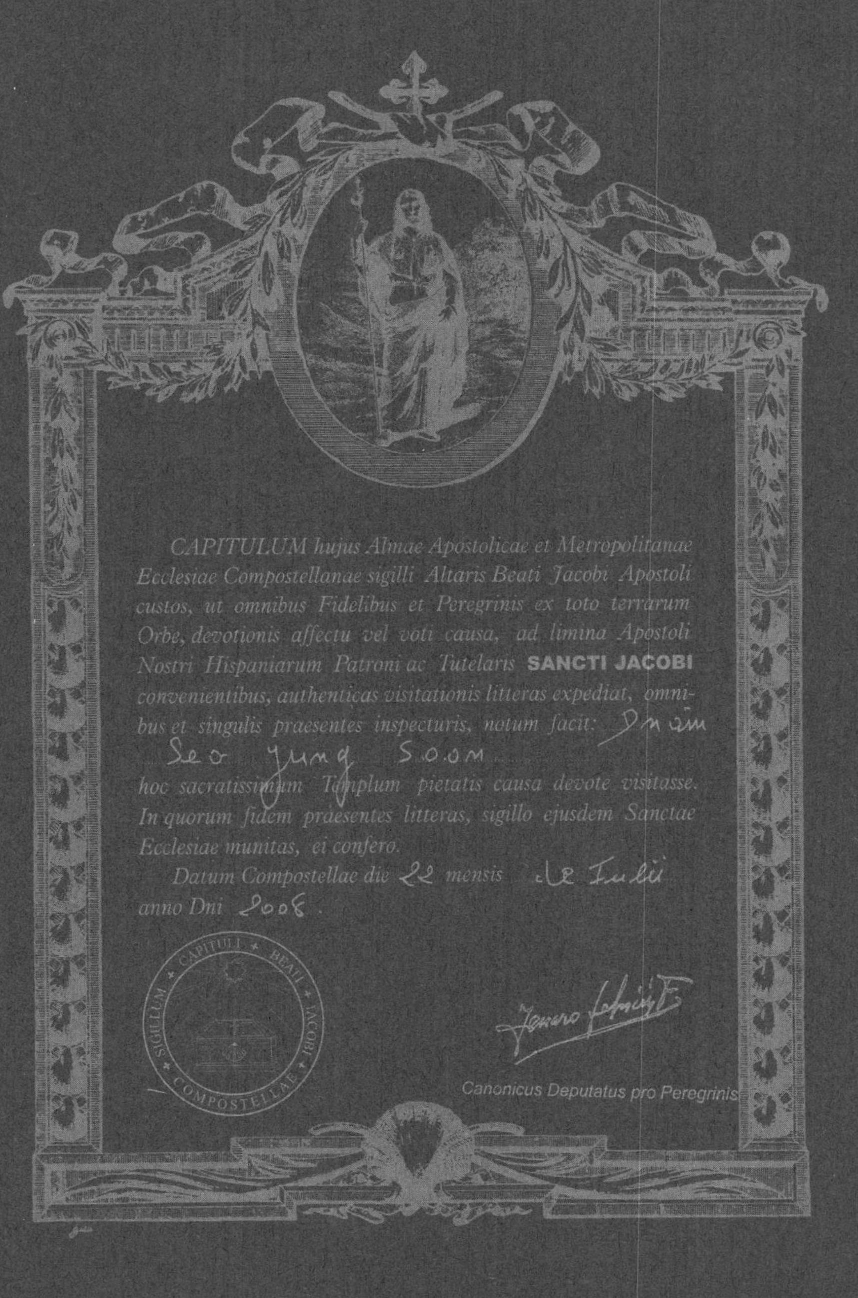

CAPITULUM hujus Almae Apostolicae et Metropolitanae Ecclesiae Compostellanae sigilli Altaris Beati Jacobi Apostoli custos, ut omnibus Fidelibus et Peregrinis ex toto terrarum Orbe, devotionis affectu vel voti causa, ad limina Apostoli Nostri Hispaniarum Patroni ac Tutelaris **SANCTI JACOBI** *convenientibus, authenticas visitationis litteras expediat, omnibus et singulis praesentes inspecturis, notum facit:* Dnum Seo Jung Soon *hoc sacratissimum Templum pietatis causa devote visitasse. In quorum fidem praesentes litteras, sigillo ejusdem Sanctae Ecclesiae munitas, ei confero.*

Datum Compostellae die 22 *mensis* de Julii *anno Dni* 2008.

SIGILLUM · CAPITULI · BEATI · JACOBI · COMPOSTELLAE

Canonicus Deputatus pro Peregrinis

김연형, 서정순과 함께하는 산티아고 가는 길

별이 내리는 마을에서 길을 묻다

김연형, 서정순과 함께하는 산티아고 가는 길

별이 내리는 마을에서 길을 묻다

도서출판 월인

추천사

빈센트 반 고흐의 그림을 좋아하는 사람일지라도 그가 한동안 '전도사(傳道師)'였다는 사실은 잘 모릅니다. 1876년 10월 29일 주일에 전한 설교 한 편이 전해오는데, 이렇게 시작됩니다.(http://www.vggallery.com/misc/sermon.htm)

> 나는 땅에서 나그네가 되었사오니 주의 계명들을 내게 숨기지 마소서(시편 119:19). 우리의 삶이 순례길이라는 고백은 오래되었지만 훌륭한 믿음입니다. 우리는 이 땅에서 '이방인'이지만 하나님 아버지가 함께 하시니 외롭지 않다는 고백이지요. 우리들은 순례자입니다. 우리의 삶은 이 땅에서 천국으로 향하는 긴 도보 여정입니다.

'나그네'이지만 주의 계명을 아는 자이기에 '순례자'가 된다는 고흐의 통찰이 보입니다. 쿤데라(M. Kundera)도 『불멸』에서 비슷한 구별을 합니다. '도로'와 '길'은 다릅니다. 도로는 그 자체로는 어떤 의미도 갖지 않습니다. 단지 두 지점을 연결해주는 기능일 뿐이죠. 반면에 길의 한 토막 한 토막은 그 자체로 하나의 의미를 지니고 있고 우리의 발걸음을 멈추게 합니다. 인생 도로를 가는 나그네이지만 고비마다 신앙적 의미를 추구한다는 점에서 우리 신자는 인생도로를 길로 만들어가는 사람들, 순례자들입니다.

우리 삶이 순례길이라는 이 오랜 훌륭한 믿음을 초막절 지키듯 재현하신 분들이 김 장로님 부부입니다. 산티아고 길의 동기는 개인적이었지만 결과는 공동체적이었습니다. 우리들의 신앙에 순례자 마인드를 불어넣어 주었고 그 의미는 지난 광복절에 <지리산 숲길> 행사로 싹을 틔웠습니다. 우리 교회는 앞으로 이 맹아를 기도모임으로 이어지는 순례 수양회로 꽃 피울 계획입니다. 이 책은 이러한 비전을 시작하는 파종(播種)의 흔적입니다.

헨리 나우웬은 『제니시 일기』에서 아욕등반(我慾登攀)과 무욕(無慾)등반을 구별합니다. 여기에 있으면서도 여기에 있지 않는, 그래서 나무들 사이로 비치는 아름다운 햇살을 보지 못하는 걸음을 아욕등반이라고 합니다. 하나님의 현존 안에서 사는 법을 배우려고 제니시 수도원에 왔건만 글로 쓰고 싶은 생각이 너무 많은 것이 오히려 문제가 되고 있음을 토로하면서 나오는 이야기입니다. 생각이 많을수록 좋은 것이 아니라 묵묵히 길 자체에 충실하는 절제도 순례길에서 필요하다는 것을 시사하고 있습니다. 저는 얼핏 단점처럼 보이는 이 책의 절제에서 무욕등반 같은 장점을 느낄 수 있었습니다.

김 장로님 부부의 산티아고 순례길은 지금도 우리 안에서 진행중입니다.

2009. 5.

전주갈릴리교회 목사 신솔문

추천사

약 천년 전에 "별들의 들판(깜뿌스 스떼야에)"이라고 불리는 곳이 사도 야고보의 무덤이 있는 장소라는 사실이 확인되었다고 합니다. 기독교의 발상지인 예루살렘이 회교도들에 의해 점령당한 후 한때 유럽 기독교인들에게 스페인 북부지역의 산티아고 이외에 순례할 성지가 거의 없었으므로 중세 때 이곳은 수백만 명이 찾는 순례지, 많은 신자들이 한번 가보고 싶은 곳이 되었습니다. "산티아고의 집을 오가는 것만으로도 순례이다"라는 단테의 말이 이곳의 신앙적 가치를 단적으로 보여주고 있습니다.

지금은 유럽뿐만 아니라 세계 각지에서 순례자들이 많이 찾아와 신앙의 전통이 깃든 이곳에서 그들의 영과 육을 새롭게 하고 있습니다.

김연형 교수는 제가 경험한 스페인 밤하늘의 별처럼, 다감하고 편안한 막역지우입니다. 우리의 우정은 학창 시절부터 환갑 나이가 다 된 지금까지 이어지고 있습니다. 이런 친구가 스페인 북부의 험악한 지역을 성지 순례하겠다는 연락을 해왔습니다. 그것도 하루 이틀이 아니라 한 달 이상을 부인과 함께 약 800km를 걷겠다는 것이었습니다. 처음에는 친구가 대사로 근무하는 스페인을 여행하려는 구실이겠지

가볍게 생각했는데 그것이 아니었습니다. 그 연락은 '통고'였을 뿐, 준비부터 순례길 마무리까지 헌신하는 마음으로 이어간 나날이었고, 주님께서는 이들의 이천리길 발걸음을 지키셨습니다.

여러 가지 걱정이 있었지만 이렇게 순례를 무사히 마친 후 친구들에게 산티아고 풍경 사진과 아름다운 시가 녹아있는 성지순례기를 들려주어서 그저 하나님께 감사할 뿐입니다. 친구의 책을 보면서 인생 자체가 하나의 순례길이라는 생각을 반추하게 됩니다.

2009. 5.

前 스페인 대사 이춘선

머리말

길은 언제나 지향해야 할 목적지가 있으며 목적지에 도달하기 위한 시련의 극복이라는 정신세계를 상징한다고 한다. 또한 길은 자아 성찰과 수련을 통해 순수 자아를 회복하는 과정이라고 한다. 우리가 길을 떠나면 습관적으로 과거의 아련한 기억이 떠오른다. 그 장소에 예전부터 있었던 것인지 아니면 현재의 모습이 과거의 나를 끄집어냈는지는 알 수는 없다.

산티아고. 이름만 들어도 가슴이 벅찬 느낌을 갖는다. 818km를 32일 동안 아내와 함께 완주한 것을 생각하면 꿈만 같다. 여러 가지 역경을 참고 견디며 서로 이해하고 배려하고 격려하면서 걸었던 순례길이었다. 이 길은 예수의 12제자 중 사도 야고보의 전도길이었다고 한다. 이 순례길을 따라서 걷고 걸었다. 새벽의 신선한 공기와 아름다운 경치를 바라보고 있노라면 축복을 받는 기분이었다. 사람들은 나에게 왜 걷느냐고 묻는다. 그 답은 "그 길(Road)에 있다"고 했다. 대자연속에서 오랜 시간 동안 번잡한 세상을 잠시 잊고 내 삶을 되돌아보며, 내 자신에게 집중하고, 나와 내가 대화하며, 만남과 헤어짐에 사람을 배우고, 삶을 배우고, 인생을 이야기하며, 절대자와 마주하는 모든 세계와 공감할 수 있는 그 곳이 바로 산티아고였다. 산티아고는 내 인생에 새롭게 주어진 최고의 선물이었다. 이 고난의 길에서 사색의 시간, 영적인 시간, 그리고 치유의 시간을 가졌던 것이 무엇보다도 행복했다. 이제는 세상을 바라보는 또 다른 시각을 가지게 된 것이다. 내 나이 60이 되어서야… 내 삶의 변화를 가져왔던 곳, 나의 생각을 변화시켜준 곳, 그리고 나의 행동의 변화를 가져다준 이 순례길을 나는 잊을 수가 없을 것 같다. 떠올리기만 해도 짜릿한 전율이 느껴지는 그곳… 그리고 그 시간들… 감사하고 감사할 따름이다.

세상 사람들에게 나의 이러한 경험들을 전하고 싶다. 이토록 아름답고 행복했던 순례길을 많은 사람들과 공유하고 싶은 욕망들을 억누를 수가 없어 나의 순례 여정에 맞추어 결코 짧지 않았던 나의 삶을 되새겨보는 기회를 갖고 싶어졌다. 너무 오만한 생각일지도 모른다. 많은 질책이 있기를 기원한다.

처음으로 기행문을 써보면서 글을 쓴다는 것이 이토록 어렵고 힘들다는 것을 배웠다. 참으로 소중한 경험이 아닐까 싶다. 그동안 통계학 전공서적을 저술할 때 느끼지 못했던 많은 것을 알게 되었다. 글을 쓴다는 것이 무척 어려운 작업이긴 하지만 이것 역시도 나의 순례 여정처럼 하나님께서 주신 커다란 경험이자 기회라고 생각한다. 이 새로운 도전에도 너무나 감사하고 감사하다.

이 책을 만들기까지는 많은 사람들로부터 도움이 있었다. 난필로 된 나의 원고를 정리해준 민혜리 양과 서진경 양에게 고마움을 전하고 싶다. 그리고 내 주위에 있는 지인들을 귀찮도록 부탁해서 원고를 읽게 하고, 서평을 부탁하기도

하였다. 신솔문 목사님, 이화옥 장로님, 강영성 집사님에게 감사드리며, 원고를 보완하면서 사진편집까지 해준 박정미 교수, 그리고 양병선 교수와 이희중 교수께 무한한 감사의 마음을 전하고 싶다. 그 외 많은 사람들의 격려가 이 책이 세상에 나오게 하였음에 감사드린다. 특별히 나는 이 책을 살아 계셨으면 올 해로 100세가 되실 사랑하는 나의 어머님 권귀녀 님 영전에 바치려고 한다. 처음부터 끝까지 우리의 투정을 마다하지 않으시고 들어주시고 격려해주신 나의 하나님께 감사드립니다.

2009. 5.

김연형 · 서정순

차 례

Day 0 (6. 20)

출발의 설레임

전주 → 프랑스 오스텔리치역

새로운 삶에 대한 도전은 우리인생을 훨씬 풍요롭게 만든다. 하지만 현실이 어려우면 어려울수록 사람들은 도전하기보다는 포기하는 쪽을 선택하게 된다. 그러나 하나님은 그런 때일수록 더욱더 우리들에게 도전할 것을 요구하신다. 우리가 떠난 산티아고 순례 길은 이러한 주님의 요구에 대한 응답이었다. 그렇게 새로운 삶에 따라 도전은 믿음과 설레임과 두려움 속에서 시작되었다.

산티아고에 가기 위해 철저하게 준비하였다고 생각했지만 출발일이 가까워지자 무엇인가 빠진 것 같고 부족한 느낌이 들어 쉽사리 잠들 수 없었다. 아마 출발의 설레임 때문일 것이다. 새벽 4시에 일어나 짐을 정리하고 새벽 기도회에 참석했다.

"나의 힘이신 여호와여 내가 주를 사랑하나이다."(시편 18:1) 새벽에 주시는 시편 말씀이 내게 힘이 되었고 "너 시험을 당해 범죄치 말고 너 용기를 다해 곧 물리쳐라…"라는 찬송가는 순례를 떠나는 나에게 커다란 의미를 주었다. 언제나 그래왔듯이 하나님께서는 항상 우리들이 간절히 원하는 것이 무엇인지 잘 알고 계시고, 용기와 희망을 심어주심을 믿어 의심치 않았다. 그래서 이 새로운 도전을 받아들임에 있어서 오직 하나님만을 믿고 출발하였다.

새벽기도를 마치고 아침 7시 설레는 마음으로 인천공항행 리무진에 몸을 실었다. 인천공항에 도착하여 13시 15분 파리행 비행기를 타고 40일 간의 기나긴 여정을 본격적으로 시작하였다.

두렵고 긴장 되었지만 새로운 세계에 대한 기대가 성큼 다가왔다. 진정한 용기와 믿음으로 야고보가 걸었던 길을 부부가 동행하여 걷는 것 자체가 커다란 꿈이며 희망이었다. 여러 가지 생각을 해보았지만, 무엇보다도 중요한 것은 도전이었다.

처음 산티아고에 대한 이야기를 최낙일 교수로부터 들었을 때, 주체할 수 없을 정도로 부풀어 오르는 강한 의욕을 갖게 되었다. 평소에 산을 좋아하고 많은 산행을 하였던 관계로 자신도 있었다.

근무하는 대학교의 통계학과 폐과문제로 무척 심란한 상태에서 접한 산티아고의 이야기는 내게 활력소가 되어 주었고, 무언가 다시 시작해야겠다는 다짐의 계기가 되었다. 하나하나 준비하고 생각하는 과정 자체가 얼마나 큰 즐거움이었는지 모른다.

특별히 아내가 동행하는 것이 무엇보다도 감사하고 고맙다. 언제나 같이 하는 마음으로 마쳤으면 한다. 지난 29년간 부부로 살아오면서 커다란 문제없이 평범하게 살아왔다. 사랑하는 아들 상진이와 딸 주희도 훌륭하게 성장해서 사회생활에 잘 적응하고 있는 것 같아 아이들에게 늘 고마움을 느낀다. 조금 걱정되는 것은 몇 년 전에 수술까지 했음에도 완쾌되지 않은 아내의 건강이다. 이번 순례 길을 아내와 함께 하면서 다시 예전처럼 건강해질 수 있도록 하나님의 은혜가 충만하길 기도한다.

프랑스 드골공항에 내려 시간을 보니 퇴근시간과 겹쳐 있었다. 지하철을 이용할까도 생각했지만 무거운 배낭이 있다 보니 러시아워의 혼잡함을 이길 수 없을 것 같아 그냥 택시를 잡아 오스텔리치 역까지 이동했다. 택시 안에서 창 밖으로 보이는 낯선 풍경이 비로소 긴 여정이 시작되었음을 느끼게 해주었다. 역까지 이동하면서 도로가 밀리긴 했지만 주위에 펼쳐진 낯선 풍경들이 지루함을 달래주었다.

오스텔리치 역에 도착해서 미리 예약했던 바욘 역과 생장피드포르 역까지의 기차표를 구했다. 시계를 보니 저녁 8시 30분, 아직도 날이 훤하다. 한국 같으면 캄캄한 저녁일 텐데 말이다. 거의 지구 반 바퀴를 돌아서 도착한 만큼 시간대가 정반대라는 사실을 새삼 실감할 수 있었다. 역 대합실에서 우리말 소리가 들려 고개를 돌아보니 배낭여행을 하고 있는 여대생 3명이 신나게 수다를 떨고 있었다. 반가운 마음에 서로 인사를 하고 산티아고 순례를 가느냐고 물어보니 자기들은 유럽 여러 나라를 여행하고 있다고 했다. 마음이 맞는 다섯이 함께 모여 여행을 하고 있는데 두 명은 민박집을 찾으러 갔다고 했다. 그들의 명랑하고 쾌활한 모습을 보고 있자니 우리의 젊은이들이 새로운 세계를 향해 자신있게 도전하는 것 같아 무척이나 아름답고 자랑스럽게 여겨졌다.

여대생들과 헤어진 뒤 대합실을 나와 잠시 시내 구경을 했는데 깨끗하게 단장된 도시가 무척이나 아름다웠다. 도시를 관통하는 강을 따라서 산책하는 사람들의 모습이 자주 눈에 띄었는데, 특히나 애완견을 데리고 나와 한가롭게 거니는 모습들이 여유로워 보였다. 많은 애완견들을 보고 있자니 집에 있는 강아지 딸기(요크셔테리어)가 눈에 밟혔다. 8년을 함께 생활하다가 이번 순례로 오랫동안 떨어져 있게 되자 강아지들만 보면 자꾸 생각이 났다.

기차가 출발하기까지 시간이 남아, 서두를 필요는 없었다. 우리는 카페에서 간단한 식사를 한 뒤 여유 있게 23시 11분 바욘행 기차에 몸을 실었다.

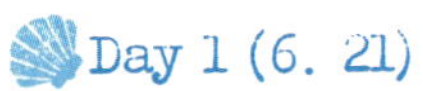

Day 1 (6. 21)

산티아고로 향하는 순례자들

생장피드포르 → 오리숑(7.7km)

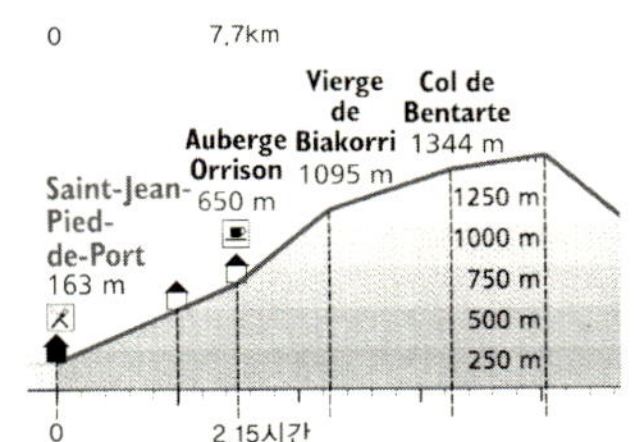

야간 침대 열차에서 긴 밤을 보내고 아침에 바욘 역에 도착하였다. 생장피드포르행 기차로 갈아타기 위해 기차역에 있는 카페에서 아침식사를 하면서 그리스사람 세라핌을 만났다. 이 친구는 9개월 동안 11개 나라 5,678km를 걸었다고 했다. 그는 나를 만난 것을 기념하여 나의 모자에 뱃지를 하나 달아주었다. 하지만 나는 준비한 선물이 없어서 간식거리로 챙겨온 한국의 인삼절편을 건네주었다. 그는 인삼을 알고 있다고 하며 무척 기뻐하였다. 마침 옆에서 생장피드포르행 기차를 기다리던 한국 젊은이들 남성 2명과 여성을 만나 인사를 나누고 동행하였다.

첫 걸음을 내디면서 많은 생각이 들었다. 왜 우리가 이곳으로 오게 되었는가… 무모한 도전인가?

많은 순례자의 이야기를 읽고 정리하면서 느낀 점은 순례길이 우리들의 인생과 같다는 말을 많이 한다는 것이다. 나도 이런 생각을 하게 될까?

나는 이번 순례 길을 계획하면서 아내와 함께 동행하고 싶다는 바람을 강하게 가졌고 한평생을 나와 함께 해준 아내와 그 좋은 길을 더불어 걸어간다면 더욱 축복 받는 여정이 될 수 있을 거라는 생각이 들었다. 그리고 힘들어 하는 아내를 며칠간 끈질기게 설득을 하고서야 동의를 얻게 되었다.

그런 다음에 같이 모악산을 오르면서 체력 훈련을 하였고 멀리 제주도로 두 차례에 걸쳐 3박 4일간 올레코스와 해안도로를 일주하기도 했다. 비록 훈련을 위해 그 많은 곳들을 지나갔지만 그 길을 걸으면서 새롭게 알게 된 것이 많이 있었다. 수많은 종류의 길들, 이름 모를 많은 야생화들, 우리들의 주위에 있었던 들녘, 다랭이 논, 농부, 가축, 강아지….

비로소 길 위에 서게 되었을 때 이 모든 것이 새롭게 느껴지고 가깝게 생각되었다.

우리가 사는 목적은 무엇일까?

나를 이곳으로 이끌어 주신 주님을 향한 무엇이 아닐런지. 하나님을 닮아가는 삶이 진정한 삶은 아닐까? 나바라(Navarra) 도시의 벽에 쓰여진 "산티아고로 향하는 순례자들"이라는 시를 읽으면서, 우리의 순례길 800km가 진정 하나님께로 가는 길이었음을 알 수 있었다.

산티아고로 향하는 순례자들

먼지, 진흙, 태양과 비가
성 야고보의 길.
수천 명의 순례자들과
천년 이상의 세월
순례자들, 누가 너를 불렀는가?
누가 너를 오도록 만들었는가?
에스뜨레야(Estrellas)의 들판도 아니고
커다란 카테드랄(Catedrales)도 아니다.
용감한 나바라(Navarra)도 아니고

라 리오하(Los riojanos)의 와인도 아니며
갈리시아(Gallegos)의 해산물도 아니고
가스띠야(Castellanos)의 구릉들도 아니다.
순례자들이여, 누가 너를 불렀는가?
무엇이 너를 오도록 만들었는가?
까미노(Camino)의 사람들도 아니고
시골의 관습들도 아니다.
그 역사와 문화도 아니고
까사다(Cazada)의 수탉상도 아니며
폰페라다(Ponferrada)의 성도 아니다.
지나가며 그 모든 것을 보았고
그것들을 보는 것은 즐거움이었지만
나를 부르는 그 이상의 목소리가 있으니
더 심오하게 그것을 느낀다.
나를 밀어내는 힘
나를 끌어당기는 그 힘
나는 그것을 설명할 수는 없으니
단지 하늘에 계신 그 분만이 아실 뿐.

(「렌비여행기」 인용)

기차에서 내린 아내와 나는 다른 순례자들과 함께 물어물어 순례자협회 사무실을 찾아갔다.

순례자협회에 등록을 하고 순례 여권(Pilgrim Passport)을 받았다. 올해 순례자 사무실에 등록된 한국인의 숫자가 285명, 그러면 내가 286번째인가?

순례지에서 처음 만난 외국인 세라핌. 9개월 동안 11개 국가 5,678km를 여행하고 있다.

아내와 나 말고도 한국인 3명이 오리숑까지 가겠다고 한다. 그들에게 알베르게(숙소) 예약을 하였는지 물어보니 그들은 예약을 하지 않았다고 했다. 순례자협회 사무실 자원 봉사자에게 물어보니, 아마 자리가 있을 것이라 했고, 그들과는 그 곳에서 다시 만나기로 하고 헤어졌다.

오리숑 알베르게에는 가게가 없기 때문에 우리는 간식과 물을 준비하기 위해 시내에 있는 챔피온 마트를 찾아갔다. 그리고 혹시 몰라서 약국을 찾아 빈대약 등 의약품을 준비하였다. 준비를 마친 후 레스토랑에 가서 식사를 하려고 하니 모든 곳이 12시 이후에 영업을 시작한다고 하여 도시를 산책하면서 시간을 보낸 뒤 바(Bar)에서 간단

순례자협회 사무실의 입구

하게 피자를 먹었다. 휴식을 취한 후에 산티아고 이정표(←)를 찾아 도시를 벗어나 피레네 산에 들어서니 오후 2시가 넘었다.

오늘의 목적지인 오리숑 까지는 7.7km이며 해발 650m 정도가 되지만 오후 늦게 출발했기 때문에 무더운 더위가 우리를 완전히 지치게 만들었다. 달구어진 지열이 보통이 아니었기에 아내 역시 무척이나 힘들어했다. 이렇게 높은 산에 나무가 없으니 그늘이 없어 더욱 덥게 느껴졌다.

한 시간을 가다보니 역에서 만났던 대학생 이장형 군이 어떤 순례자와 이야기를 하고 있었다. 만나보니 이 순례자는 산티아고까지 순례한 뒤에 이 지방이 매우 아름다워서 로그로뇨(Logroño)로부터 반대로 다시 걷고 있다는 것이다. 그리고 놀라운 사실은 순례길에서 어떤 외국인을 만나 이야기를 하다가 새로운 사업 아이템과 사업을 같이 할 파트너가 생겨서 귀국한 뒤에 미국으로 갈 예정이라고 했다. 서로가 축하해 주고 성공하라고 격려하였다. 순례길에서 그 사람은 새로운 일을 할 수 있는 기회를 가져서 커다란 은혜를 받은 것 같다. 헤어진 후에 계속해서 오르막길을 올라가는데 장난이 아니었다. 작열하는 태양빛이 무서울 정도였다. 첫날부터 커다란 시험에 든 것 같은 느낌이다. 길을 걸으면 걸을수록 배낭은 더욱 무겁게 느껴지며 어깨를 짓누른다.

산 비탈길의 나무 밑에 바르셀로나에서 온 할아버지, 할머니, 중년 부부 그리고 초등학교 5·6학년 정도의 애들이 앉아 쉬고 있었다. 우리에게

올라(holla)

하면서 반갑게 맞이한다. 어디에서 왔느냐고 묻길래 한국에서 왔다고 하니 스페인 중년 부인이 우리에게 말을 건다. 자기들 부부는 휴가기간만 순례를 하고 할아버지 부부와 애들은 끝까지 순례를 할 예정이라고 설명해 주었다. 참 친절한 사람들이었다.

다시 비탈길을 걷다 보니 멀리 사진으로 보았던 오리숑 알베르게가 보인다. 힘들어 하면서 내일을 걱정했다. 매일 이 정도가 되면 아내가 너무 힘들어 할 것 같았기 때문이다.

우리는 오후 4시 30분경에 오리숑 알베르게에 도착했다. 알베르게 주인에게 예약했던 한국의 Mr. Kim이라고 하자 반갑게 맞이해 주었다. 등록을 하면서 순례 여권에 도장을 받았다. 안내를 받아 숙소를 정하고 순서를 기다리다가 관리인이 준 코인을 넣고 샤워를 했다. 알베르게에서는 코인을 넣고 한정된 시간 안에 샤워를 마쳐야 하는데

물이 나오지 않아 대충 닦고 나와 세면장에서 마무리해야 하는 해프닝이 벌어지고 말았다.

알베르게 밖에는 전망대와 평상이 놓여 있다. 나는 그 곳에서 역에서 만났던 이주영 양, 이장형 군, 장상혁 사장을 다시 만나게 되었다. 이들은 알베르게에 숙소가 없어 알베르게 옆에 텐트를 친 곳에서 숙박하기로 하였다. 돈은 거의 다 내고 말이다. 생장에서 예약을 하고 올라 왔어야 했다. 자원봉사자 할아버지 말씀을 너무 믿고 왔다.

휴식을 취한 후 저녁 8시에 알베르게에서의 첫 번째 만찬이 시작되었다. 이곳에서 숙박한 30여 명의 순례자들이 한자리에 모여 함께 식사를 하면서 산티아고에 오게 된 이유와 고향 등을 이야기하면서 좋은 친교를 맺을 수 있었다.

우리 부부 옆자리에는 미국 캘리포니아에서 온 두 여인이 아내에게 한국에 대해서 관심을 갖고 말을 걸어왔다. 이들은 50대 중년 부인으로서 800km를 순례하면서 삶의 변화와 미래에 대한 계획을 세우고 싶어 이곳에 왔다고 했다. 그 중 한 여인은 1950년대에 한국에서 태어났다고 하면서도 자세한 이야기를 자제했다. 무슨 사연이 있는지.

차츰 분위기는 익어갔고 나는 언어가 다르더라도 서로가 마음으로 통한다는 생각을 하게 되었다. 식사가 끝날 무렵에 우리 부부는 먼저 나와서 저녁 하늘을 보며 내일 일정에 대해서 이야기를 나누었다. 내일부터는 새벽에 일찍 출발하여 가급적 오전 중에 순례길을 마치는 것으로 계획했다. 뜨거운 태양 아래서 걷는다는 것이 특히나 아내에게 너무 힘든 시작이었던 것 같다. 첫날부터 호된 신고를 한 셈이었다.

시작점이라 할 수 있는 생장피드포르.
하나님께 다가가기 위한 800km의 여정이 바로 이곳에서 시작된다.

첫 목적지인 오리숑에 위치한 알베르게의 외관.
생장피드포르와 7.7km 정도 떨어져 있는 이곳은 해발 650m 지점에 위치한다.

숨은 하나님의 최초의 교회

오리숑 → 부르게테(19.9km)

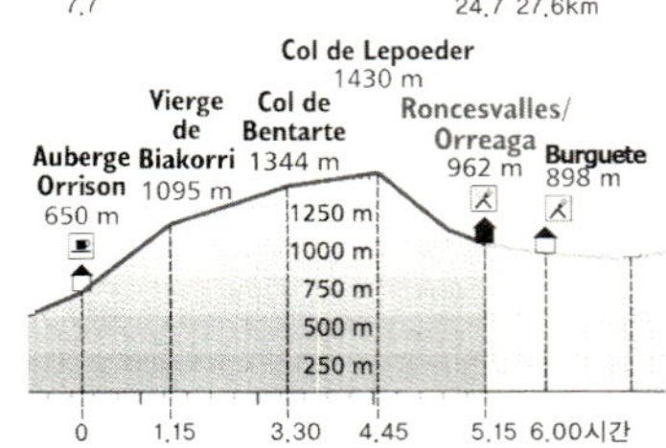

또 다른 하루, 첫 날의 흥분과 피로는 모두 털어 버리고 우리 부부는 6시에 짐을 꾸려서 조용하게 밖으로 나왔다. 눈길을 사로잡는 피레네 산은 가히 장관이었다. 산과 산 사이에 운무가 가득히 깔려 있어 너무나 아름다웠다.

부부가 세상에 이렇게 좋은 풍경이 있나 서로 감탄을 했다. 천사들이 쉬었다 가는 그런 장소 같다. 서둘러 사진을 찍고 조용히 출발 기도를 하고 출발했다. 어제와는 다르게 시원한 바람이 나를 감싸고 있

피레네 산을 배경으로 떠오르는 일출은 앞으로 나아갈 우리들에게 희망을 안겨주는 축복의 빛을 선사해 주는 듯했다. 저 일렁이는 붉은 빛이야말로 하나님을 향한 믿음의 빛이었다.

어 몸과 마음을 가볍게 했다.

가면 갈수록 뒤편에 펼쳐지는 풍경은 가히 환상적이다. 새벽 일출은 느끼지 못했던 힘을 불끈 솟아오르게 만들었다.

태양이 나오는 모습은 마치 여인들이 산고에 지친 후에 옥동자가 탄생하는 축복받은 모습을 연상하게 했다. 그 광경을 보며 아내와 난 일찍 출발하길 잘했다는 말을 주고받으며 커다란 힘을 느꼈다.

어느덧 피레네 산 중턱에 왔다. 바위 위에 있는 성모 마리아 상이 우리를 반겨준다. 다가가보니 십자가, 묵주, 꽃 등이 성모상 앞에 가득히 놓여 있었다.

피레네 산 중턱에서 만날 수 있었던 성모 마리아 상(사진 왼쪽)과 이름 모를 한 순례자의 무덤에 다른 사람들이 이용할 수 있도록 두고 간 물건들과 십자가(사진 오른쪽)

어느 순례자의 무덤에 다가가서 잠시 묵념을 했다. 왜 이 길을 걸으러 그 먼 곳에서 와서 숨을 거두었을까. 여기에 무엇을 찾으러 왔을까, 또 우리 부부는 무엇을 찾으러 고생하며 이곳까지 왔을까, 다시 한 번 생각해 본다.

십자가 주위를 살펴보니 순례자들이 놓고 간 십자가, 묵주 옆에 다른 순례자를 위한 물건들이 있었다. 마침 아내는 배낭무게를 줄이려고 최소한의 화장품만 가져왔기 때문에 얼굴을 닦는 화장품 하나를 가져왔다.

아침은 어제 마련한 빵과 사과 등으로 그 자리에서 해결했다.

어느 스페인 노부부는 자동차를 이곳에 주차하면서 산행을 준비하더니 먼저 출발했고 우리도 출발했다. 한 시간 쯤 후에 가장 높은 해발 1,410m에 있는 롤랭의 샘터에 도착하여 물을 채우고 다시 출발하였다. 거의 정상에 오른 후 뒤를 돌아보았다. 멀리 피레네 산은 아직도 운무에 가득히 에워싸여 있다.

올라온 길이 아득하게 보인다. 힘들게 올라온 만큼 가슴이 벅차고 자랑스럽다. "저 먼 길을 올라 왔구나" 하는 생각이 들자 옆에 있는 아내가 대견해 보였다. 힘들어 할 줄 알았는데 잘 걷는다. 현재 이 높은 곳에 있는 것이 감사하고 감사할 뿐이다. 우리의 삶도 이러하지 않은가? 아무리 힘들고 상처입고 어렵게 살아왔어도 지금 살아서 이 나이에 이 자리에 있다는 것이 얼마나 감사한 일인가. 또 앞으로 살아간다는 것이 얼마나 감사한 일인가.

내려가는 길은 가파르게 되어 있었으나 갈 만했다. 숲다운 숲속을 걷고 있다.

헤밍웨이는 "태양은 또 다시 떠오른다"에서 숲은 하나님의 최초의 교회라고 했다. 하나님이 지으신 에덴동산을 의미하는 것은 아닐까? 창세기에서 "주 하나님이 동쪽에 있는 에덴에 동산을 일구시고 지으신 사람을 거기에 두셨다. 주 하나님은 보기에 아름답고 먹기에 좋은 열매를 맺는 온갖 나무들 땅에서 자라게 하시고 동산 한가운데는 생명나무와 선과 악을 알게 하는 나무를 자라게 하셨다."라고 말씀하셨듯이 이 숲이 간직하고 있는 태고적 아름다움은 마음속의 에덴동산과 일치했다.

한참을 걸었지만 아직 론세스발레스까지 7.6km나 남아 있었다. 우리는 힘차게 걷고 또 걸었다.

산을 내려오면서 만날 수 있는 울창한 숲을 통해
우리는 다시 한 번 마음의 치유를 받는다.

아직도 우리 뒤에는 따라오는 순례자들이 없었다. 계속해서 내려가 보니 어느덧 론세스발레스 성당 옆에 왔다. 간식을 먹으면서 쉬고 있는데 스페인 젊은 두 부부가 물가에 놀러온 것 같았다. 애들이 3명씩이나 되어 다복하게 보였다.

근처에 레스토랑이 있어 샌드위치와 주스로 점심을 대신하고 다시 여정에 올랐다. 카미노 이정표를 따라 가다보니 론세스발레스 마을을 지나쳤다. 아마 외곽 길을 따라 온 것 같다.

론세스발레스는 커다란 수도원으로 대표되는 작은 마을이다.

이곳은 스페인 교회 역사에서도 의미가 깊은 곳이다. 1212년에 나바라 지역의 왕 산초 엘 푸에르테(Sancho el Fuerte)가 이슬람 군대를 물리치고 기독교 성지를 재탈환하는 근거지가 되었기 때문이다.

이곳은 피레네 산맥을 넘는 힘든 길을 피하려는 순례자들이 시작

피레네 산에서는 넓은 고원지대와 어우러진 멋진 풍경을 마음껏 즐길 수 있다.

하는 스페인 동부 끝 순례 시작의 장소로, 매일 밤 8시에 순례자들을 위한 축복의 예배를 드린다.

어느덧 우리가 계획했던 부르게테(Burguete) 마을에 도착하여 호스텔에 짐을 풀었다. 부르게테(오리츠)는 덧문창이 있는 집들로 이루어진 아름다운 마을로 헤밍웨이가 송어낚시를 하며 머물면서 "태양은 다시 떠오른다"를 집필한 곳으로 유명해진 자그마한 동네다. 헤밍웨이는 여기서 친구인 피츠제럴드에게 다음과 같은 편지를 썼다. "송어가 많고 다른 누구의 방해도 받지 않고 낚시를 할 수 있다는 것이 천국에 온 것 같다."고 말이다. 그는 부르게테 마을을 이렇게 천국으로 묘사했다.

부르게테 마을을 산책하면서 헤밍웨이의 낚시터를 찾고자 하였으나 찾지 못해 못내 아쉬웠다. 성당 옆에서 많은 어린이들이 선생님의 지시에 따라 게임을 하고 즐겁게 지내는 것을 보니 부럽기도 하였다.

조금 뒤에는 광장에서 가수가 노래를 부르고 사람들이 흥겹게 춤추고 즐거워하는 모습이 마치 잔치집 분위기가 물씬 풍겼다. 어린 시절에 어머님을 따라 5일마다 장이 열리는 태인시장에 가면 시장 후면에 판소리 흥부가 창을 하는 무대가 만들어지고 많은 사람들이 흥에 겨워 춤을 추다가도 슬픈 판소리 창이 나오면 눈물짓기도 하던 순수한 시골 사람들의 그 모습이 선하다. 지금도 가끔씩 판소리 창들이 나오면 어릴 적 향수에 빠져들기도 한다.

마을을 산책하면서 구경하는데, 슈퍼마켓도 보이지 않고 주일이어서 그런지 레스토랑이 마땅치 않았다. 호텔 레스토랑이 보여 입구에 쓰여진 메뉴판을 아무리 살펴보아도 알 만한 메뉴가 보이지 않아 무지가 사람을 잡겠다는 생각이 절로 났다. 할 수 없이 이곳에서 저녁식사를 하기 위하여 호텔에 들어갔으나 손님은 우리 부부 밖에 없다.

영어 메뉴를 달라고 해도 알 만한 것은 간단한 스파게티, 후식인 과일 등이 고작이다. 할 수 없이 나와 아내는 메뉴판의 첫 번째와 두 번째 요리를 각각 시키기로 하고 세 번째인 후식에 과일을 시키기로 했다. 그 결과 우리는 아연실색 할 수밖에 없는 경험을 하게 되었다. 송아지 고기라고 생각했는데 채식주의자들이 먹는 채소만이 나왔다. 나와 아내는 당황스러워 서로 마주보며 웃었지만 식사만큼은 어느 때보다 즐겁게 마쳤다.

알베르게에서 순례자들과의 저녁식사를 통해 작은 추억을 간직한다.

아름다운 동행입니다

부르게테 → 라라소나(22.5km)

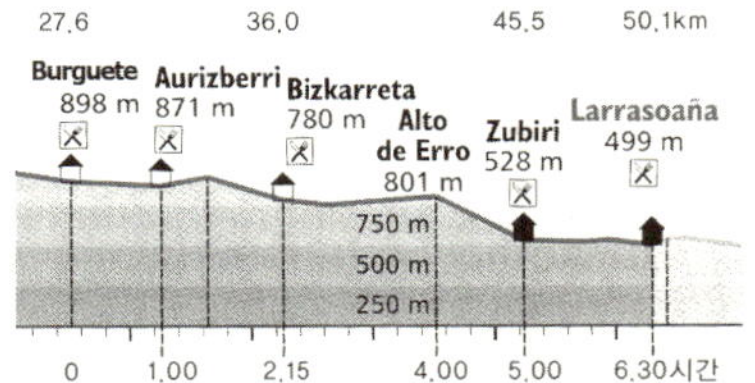

숲과 들판과 하늘과 함께 어우러진 부르게테의 전경을 뒤로하고 우리는 순례에 오른다.

어제 하루 동안 걸은 거리가 19.9km나 되어 저녁에 걱정을 하면서 잠을 잤다. 아무래도 아내가 너무 고생한다는 생각이 들었기 때문이다. 하지만 아침 5시에 일어나 준비를 하면서 아내의 몸 상태를 물어보니 괜찮다고 하여 무척 다행이라 생각되었다.

우리는 길을 걷기 시작했다. 목장을 가로지르고 들판을 건너 언덕 위 경사진 곳이 있는 숲으로 통하는 작은 길이었다. 들은 울퉁불퉁하고, 풀에 덮여 있었지만, 그 풀은 양이 뜯어 먹어서 짧았다. 소는 언덕 위 높은 곳에 있었고 숲속에서는 소의 목에 달린 방울 소리가 계속해서 들려왔다. 뒤를 돌아보니 부르게테 마을의 하얀 집들과 빨간 지붕이 아름다운 전경을 자아내고 있었다.

언덕 위에는 길이 뻗어 있었고, 우린 울창한 숲 속으로 들어갔다. 때로는 내려가기도 했지만 또 다시 가파른 언덕길이 계속되었다. 숲 속에서는 소의 목에 달린 방울 소리가 들려왔다. 산마루 양지쪽에 있는 나무들 사이에 조그마한 공지에는 산딸기가 있고, 길 양쪽 옆에는 숲 속에서 빠져나가는 길이 나 있다. 저만치 앞에 보이는 언덕에는 나무가 없고, 노란 금잔화가 우거진 넓은 들이었다.

간밤에 물을 준비하지 못하고 왔는데 에스피널(Espinal) 마을에 와 보니 시골 마을 광장에 여행자나 순례자들이 물을 마실 수 있는 곳이 있었고 마을 사람들이 잘 관리하고 있었다. 3개의 물병을 채우고 실컷 물을 마시고 마을을 빠져나오니 앞에 펼쳐진 작은 산이 나타난다. 이곳은 해발 930m 정도 되는데, 산이라고 해봐야 그냥 언덕 정도다. 숲길을 따라가다가 길가에서 솔방울을 보았다. 한국에서는 그렇게 흔하던 것이 여기서 보니 새롭게 보였다.

아침을 먹지 않고 바로 출발한 덕에 우리는 걷는 내내 시장기를 느꼈다. 세 시간 남짓 부지런히 걸었으니 충분히 그럴 만했다. 비스

일본인 순례자 한 분이 이곳에서 생애를 마감한 흔적. 잠시 동안 눈감은 순례자를 위한 묵념을 하다.

카레트(Viscarret)마을 입구에 바(Bar) 광고판이 있었다. 이곳에 와보니 앞서가던 프랑스인이 카페콘레체 그란데(밀크 커피)와 빵을 먹고 있었다. 우리도 똑같이 주문을 해서 아침을 해결하였다. 먹고 나서 시간을 보니 08시 30분이었다.

우리가 살다보면 행복하다는 생각을 하곤 하는데 나 역시 그렇다. 특별히 지금은 더욱 그렇다. 이렇게 힘든 여정을 아내가 함께 동행하고 있으며 또 곁에서 이런 저런 이야기를 하는 것에 즐거움을 느낀다.

자식들도 이제는 다 장성해서 아들은 대학 CA(Campus Adviser)라는 상담사 역할을 하고 있고 딸아이는 은행에서 근무하고 있다. 얼마나 감사하고 행복한지…. 하지만 우리는 이러한 것들을 잊어버리고 산다. 세상을 바쁘게, 정신없이 살다보면 행복함을 잊고 살 때도 많다. 삶의 여유를 통해 우리는 행복함을 생각하게 되는 것 같다.

법정스님이 말하는 행복의 비결은, 필요한 것을 얼마나 갖고 있는가가 아니라, 불필요한 것에서 얼마나 자유로워져 있는가에 있다고 한다. "위에 견주면 모자라고 아래에 견주면 남는다."는 말이 있듯, 행복을 찾는 오묘한 방법은 내 안에 있다. 인간을 제한하는 소유물에 사로잡히면 소유의 비좁은 골방에 갇혀 정신의 문이 열리지 않는다. 작은 것과 적은 것에 만족할 줄 알아야 한다.

또 착하고 착한 천상병 시인은 행복이란 것은 축복이라면서 이렇게 '나는 행복합니다'라는 시에서 행복을 노래하였다.

나는 아주 가난해도
그래도 행복(幸福)합니다.

쥬빌리(Zubiri)마을 입구에서 가게를 찾아 간단히 먹을거리를 장만했다. 사과, 체리, 요구르트, 바게트 빵으로 점심을 해결했다.

쥬빌리는 시멘트 공장이 있어서 좀 흉물스러운 마을이었는데 그냥 빨리 벗어나고 싶었다. 쥬빌리를 벗어나서는 아르가 강을 끼고 걷는데 오솔길처럼 나무들이 우거져 있고 물소리를 들으면서 걸었다. 마을의 공장과는 대조적으로 자연 그대로 보존되어 있는 모습을 보면서 많이 부러웠다. 있는 그대로가 가장 아름다운데 우린 왜 그것을 모르고 있을까?

라라소나(Larrasoaña)에 도착해서 알베르게를 발견했는데 15시에 입실을 해야 한단다. 우리가 도착한 시간은 13시 30분이었다. 아내가 피곤해서 그런지 알베르게 앞에 있는 벤치에 누워서 휴식을 취한다.

무더운 날씨에 1시간 30분을 기다리고 있다가 겨우 입실을 했다. 3일 째 여정이지만 아직까지 나와 아내의 컨디션은 좋은 것 같다. 다만 아내의 발에 물집이 보여 메디밴드를 붙여 주었다. 그러나 지친 우리들의 기대와 달리 알베르게의 상태는 최악이었다.

좁은 샤워장이 두 곳, 화장실도 하나밖에 없다 보니 길게 줄을 서서 기다리고 기다린다. 주방시설도 좋지 않고 부엌도 너무 좁았다.

알베르게 내부의 침상들이 좁게 붙어 있어 배낭 등을 놓고 있기에는 여러 가지로 불편한 곳이다. 나의 침상 앞에 젊은 스페인 남녀가 있는데 주위 사람을 의식하지 않고 웃옷을 벗고 갈아입는다. 이 젊은 이들은 계속해서 우리 부부와 앞서거니 뒤서거니 하면서 여러 번 순례길에서 만나게 되어 반갑게 인사를 하곤 했다. 주위가 소란스럽고 시끄러워도 피곤해서 그런지 곤히 잠을 잤다.

Day 4 (6. 24)

귀한 것을 버리는 것을 배우다

라라소나 → 시쥬르 메노르(20.2km)

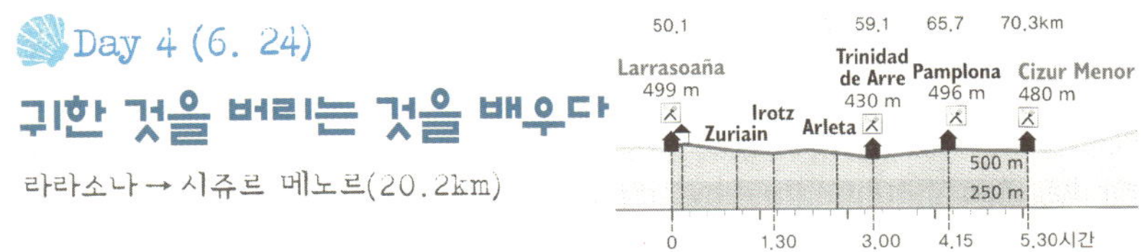

넓은 들판과 황금물결을 이루는 밀밭의 장관은 순례길에서 놓칠 수 없는 눈요기다.

간밤에 비가 많이 왔다. 천둥이 치고 바람소리가 요란하여 걱정을 하였으나 6시 30분 출발 때에는 비가 오지 않아 다행이었다. 너무나 시원하고 상큼한 날이다. 비가 온 후라서 그런지 산과 들이 짙푸르렀고, 강을 끼고 걷는 것은 가히 천국길을 걷는 것 같았다. 관광지도 아니고 그냥 사람들이 살아가는 마을이 이렇게 아름다울 수 있을까? 자연스럽게 주위의 환경과 어우러짐이 아름답다.

점점 갈수록 경치가 더 아름다워진다. 수려한 산세, 풍부한 수량

우리나라 사람들과 달리 주위 시선에서 자유로운 독일 여대생들은 가방에 자기 속옷도 널어놓고 순례를 즐긴다.

그리고 우거진 숲과 나무들이 잘 어우러져 있다. 지난밤에는 너무나 피곤해서 그런지 깊은 잠을 잤다. 나흘 만의 일이다. 아내의 말에 의하면 코를 골아 자주 고개를 돌려 코고는 것을 막았다고 한다.

한참을 가다가 독일 여대생 둘이 우리를 앞선다. 이들은 우리가 묵었던 알베르게에서 만났던 학생들이다. 사진 찍어 달라는 부탁을 하고 다리 앞에서 섰는데 엄지손가락을 들어 올린다. 멋지다는 표정을 나타내면서…. 그런데 그들의 배낭 뒤에 걸려 있는 물건들을 보고 사진 하나를 더 찍었다. 양말, 티셔츠 그리고 빨간 팬티 등이 걸려 있다. 역시 우리와 다르게 사고와 행동을 자유롭게 하는 사람들이다.

라라소나에서 출발하여 처음 다다른 자발디카(Zabaldica)의 다리 위

에 걸터앉아서 아침 식사를 했다. 빵과 요구르트 그리고 육포를 먹으니 든든하다. 지나가는 다른 순례자들이

부엔 까미노(Buen camino)

라 외친다. 이것은 '좋은 순례길 되십시오.'의 의미이다.

다시 길을 걸어 한참을 내려오다 보니 전원도시와 풍경이 한 폭의 수채화처럼 아름답게 펼쳐져 있다.

팜플로나 시가지를 걷다가 야채가게에서 체리를 사먹고 나서야 아침에 식사한 빵이 소화되는 것 같았다. 팜플로나 구도시에 들어오다 도로 공사 때문에 산티아고 길이 막혔다. 공사 안내문이 있으나 스페인어를 몰라 다시 되돌아와 다른 길을 따라 갈 수밖에 없었다. 조금 가다보니 커다란 팜플로나 성이 보였다. 할아버지께서 우리보고 성 안으로 가라고 열심히 스페인어로 말씀하신다. 말씀 따라 팜플로나의 성안으로 들어서 보니 양쪽으로 빈 공간 없이 꽉 들어찬 건물들이 하나로 연결되어 있다. 건물과 건물이 계속 붙어서 지어졌기에 한 채씩 지어진 우리네 집들과는 사뭇 다르게 위용을 자랑하고 있다. 도시를 떠난 지 며칠밖에 지나지 않았건만 차량과 사람들이 가득한 도시가 낯설게만 느껴진다.

이 좁은 구간을 빠르게 통과하려는데 성당이 멀리 보인다. 지금은 공사 중인 산타마리아 성당 앞에서 사진은 찍을 수 있었지만 성당 안은 끝내 구경하지 못하고 광장으로 내려와야 했다. 점심을 먹기 위하여 오징어 튀김과 토르티야가 유명하다는 까페 이루나를 여러 사람에게 물어 찾아갔다. 그곳에서 점심으로 먹었던 토르티야는 내가 기대했던 맛에 미치지 못해 좀 실망스러웠다.

팜플로나 시가지에서 볼 수 있었던 산타마리아 성당(사진 왼쪽)은 아쉽게도 공사 중이어서 들어갈 수 없었다. 하지만 시가지는(사진 오른쪽) 다양한 볼거리들로 가득 차 있어서 전혀 지루함을 느끼지 못했다.

팜플로나는 중세 나바라 왕국의 수도였고, 현재는 나바라 주의 수도이다.

로마 점령기에 로마 장군 폼페이로가 아르가 강을 끼고 높은 언덕에 위치한 이곳의 지리적 이점을 이용해 진영을 만든 것이 중세에 요새 도시로 발전한 것이다. 팜플로나라는 도시명도 로마 장군 폼페이로의 이름에서 유래되었으며 이곳은 로마, 서고트족, 무슬림, 프랑스 순으로 침략을 받아 피로 얼룩지며 번영을 이룬 곳이기도 하다. 그래서 유대인, 바스크인, 무슬림, 프랑스인 등 다양한 민족들이 각자의 구역을 이루며 살았다. 오랜 세월 적과 동침하며 살았지만 피는 섞이게 마련이어서, 나폴레옹이 이곳에 왔다가 다민족사회의 다양한 기질에 질려버렸다는 일화도 전해지고 있다.

팜플로나에서는 매년 7월 7일부터 15일까지 산 페르민(San Fermin)이라는 소경주 축제가 열린다. 이 기간 동안에 축제 참가자들은 붉은

시가지는 고대의 건축물과 옛 미술 혼이 곳곳에서 살아 숨쉬고 있다.
현대의 미적 감각과 조화를 이루고 있는 이들이 자신의 문화를 얼마나 사랑하고 또한, 잘 가꾸어 나가고 있는지를 단적으로 보여주는 부분이라고 할 수 있다.

운동화를 신고 흰 바지에 붉은 띠를 허리에 두르거나 붉은 스카프로 치장한다. 소 떼를 풀어 놓고 그 앞에서 사람들이 달리고 소들은 흥분해서 닥치는 대로 발로 치고 받고 밟으면서 난리를 부리는 축제가 진행된다. 정열과 역동이 넘치면서 품위 있는 아주 아름답고 자그마한 도시가 팜플로나이며 헤밍웨이가 오랜 세월을 보낸 곳이기도 하고, 시드니 쉘던의 소설 『시간의 모래밭』의 무대이기도 한 곳이다.

이 도시는 전체적으로 깨끗하게 정리되어 있었으며 집집마다 각양각색의 꽃들을 많이 키우고 있다.

점심식사 후에 시가지를 벗어나 나바라 대학 본관에 가서 크렌시알에 도장을 찍고 기념사진을 찍었다. 아내는 어깨가 아프다고 하여 배낭을 잘못메어서 그런다고 생각이 되어 배낭 줄을 고쳐 메어 편하게 하였지만 계속 아프다고 하였다. 내일부터 아내의 배낭무게를 조정해야 할 것 같았다. 한 시간 정도를 걸어서 오늘의 목적지인 시쥬르 메노르(Cizur Menor) 알베르게에 오후 2시 10분에 도착했다. 이 마을은 깨끗하게 정리된 마을처럼 아름답게 보였고 주위에는 온통 밀밭이 가득하여 시골마을에 온 것 같았다. 알베르게는 잔디가 있는 정원이 있고 깨끗하며 조용해서 좋았다.

중간에 아내가 어깨가 아프다고 해서 아내의 물건을 나의 배낭으로 옮기고 배낭의 무게를 줄여보기 위해 배낭 속의 물건을 점검해 보았으나 딱히 버릴 것이 없었다. 그래서 조금이라도 가볍게 하기 위해 40일 일정으로 가져온 찬송가 40곡의 복사물 중 우리가 주제곡으로 삼은 "거기 너 있었는가"만 빼고 나머지는 알베르게 숙소의 탁자 위에 놓고 나왔다. 이것이 얼마나 무겁다고 버렸을까? 하지만 그 일을 계기로 보다 더 중요한 것은, 가지려고 하는 마음보다 버리는 마음을 가져야 한다는 것을 배웠다. 한정된 우리의 몸에 새로운 것을 채울

때 무언가를 버리기 전에는 다시 넣을 공간이 없기 때문이다. 『무소유』의 저자인 법정스님께서 하셨던 말씀이 생각났다.

> 크게 버리는 사람만이 크게 얻을 수 있다. 하나가 필요할 때는 하나만 가져야지, 둘을 갖게 되면 애초의 그 하나마저도 잃는다. 행복의 비결은 필요한 것을 얼마나 갖고 있는가가 아니라, 불필요한 것에서 얼마나 자유로워져 있는가에 있다. 우리가 걱정해야 할 것은 늙음이 아니라 녹스는 삶이다. 인간의 목표는 풍부하게 소유하는 것이 아니라 풍성하게 존재하는 것이다. 살 때는 삶에 철저해 그 전부를 살아야 하고, 죽을 때는 죽음에 철저해 그 전부가 죽어야 한다.

결국 우리가 지금 이 자리에 있는 의미는 40장의 복사물에 담겨진 찬송가를 부르기 위해 있는 것이 아니라 바로 이 머나먼 여정에 오르는 순간순간 그 자체에 있다는 깨달음으로 내게 전해졌다.

휴식을 취한 후 아내와 나는 내일 아침거리를 준비하기 위하여 마트에 들러 과일과 요구르트를 구입했고 저녁을 먹기 위해 레스토랑에 갔으나 8시부터 시작한다고 기다리라고 한다. 할 수 없이 밖으로 나와 마을을 산책하면서 교회당을 구경하고 난 후 알베르게 앞 벤치에서 쉬고 있는데 뜻밖에도 며칠 전에 헤어졌던 이주영 양을 만나게 되었다. 우리와는 다른 알베르게에 묵고 있다고 한다. 한참 아내와 이야기를 하고나서 내일 좋은 여정이 있기를 서로 기원하며 헤어졌다. 순례자에 있어 만남과 헤어짐은 일상이다. 기회가 닿는다면 좋은 인연으로 맺어진 이들과 언젠가 또 만나리라.

저녁은 다시 레스토랑에 와서 순례자를 위한 메뉴(Menu del Peregrino)를 주문했고, 야채와 고기류 그리고 과일과 빵, 물과 와인으로 차려진 저녁식탁은 여러모로 저렴하고, 푸짐했다. 아마도 장기간 순례를 하는 순례자를 배려해 주기 위한 가격으로 보인다.

저녁식사를 마치고 숙소에 왔지만 아직도 날이 훤했다. 이곳은 10시 30분이 되어서야 어두워지기 시작한다. 일기를 쓰고, 일정을 체크해 보면서 오늘 하루 걸어 왔던 순례 길을 되돌아 보았다. 처음에는 모든 것이 낯설어 적응하기가 힘들었지만 조금씩 새로운 여정들에 익숙해지는 느낌이 든다.

Day 5 (6. 25)

끝이 보이지 않는 밀밭 길을 걷다

시쥬르 메노르 → 프엔테 라 레이나(20.8km)

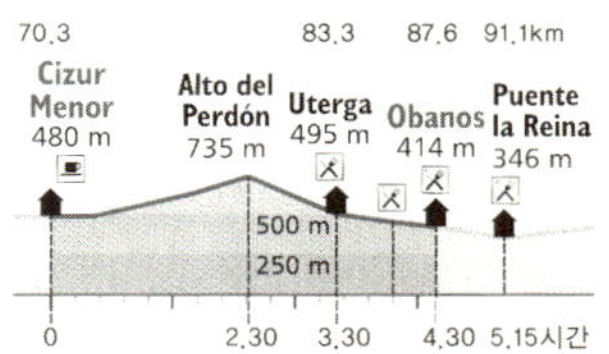

매우 상쾌한 아침이다. 하늘을 보니 아직 나무 위에 달이 걸려 있다. 이 달은 어제 저녁에 산책하면서 보던 것과 같은 달인데, 한국에서도 같은 달을 볼 수 있겠지 하면서 편안한 마음으로 출발 기도를 하고 6시 10분에 다음 여정에 올랐다. 간밤에 피곤했는지 내가 코를 많이 골았다고 아내에게 전해 듣자 괜히 부끄럽기도 하고 함께한 순례자들에게 미안한 마음이 들었다. 마을 어귀를 나와 보니 멀리 보이는 페르돈 언덕까지 밀이 누렇게 익어 황금물결이 광활하게 펼쳐졌다.

끝없이 펼쳐진 밀밭들을 감상하노라면 어릴 적 순수했던 그 시절이 떠오른다.

숨 막히게 달려왔던 그대여, 이제는 눈을 감고 떠올려야할 아득함이 바로 이곳에 있나니….

저 멀리 언덕 위로 풍차도 보인다. 저 곳이 바로 오늘 지나갈 곳이다. 낮은 구릉이 아름답게 펼쳐진 길을 걸었다. 구릉은 밀밭으로 덮여 있는데 밀밭 사이사이로 꽃무리 같은 게 샛노랬고 밀밭 물결 위로 점점이 흩뿌려진 새빨간 야생 양귀비도 귀여웠다. 그 밀밭 사이 좁은 길을 따라 우리 순례자들은 조용히 풍경에 젖어들어 간다. 조금 또 걷자니 구릉 위 한편에 순례자의 무덤이 있었다. 이번엔 벨기에 사람이다.

밀밭을 걷다보니 어린 시절에 밀을 태워서 먹던 생각이 났다. 그 당시에 어린애들은 대개 코를 흘리고 다니는 애들이 많았고, 그래서 손으로 밀을 비벼서 먹고 코를 훔치면 코와 입가에 검게 색칠이 되곤 했었다. 논에 가서 메뚜기를 잡아 구워 먹고 심지어 개구리까지 잡아서 삶아 먹기도 하였으니 얼마나 구수했던 삶을 살아왔던 걸까. 요즘은 논에 농약을 많이 쳐서 메뚜기와 개구리들이 잘 보이지 않는데, 이곳을 지나다 보니 옛 추억들이 뇌리를 스치며 아득한 시선에 사로잡혔다.

출발한 지 2시간 30분을 지난 후에 알토 델 페르돈(Alto del Perdón) 언덕에 도착했다. 정상에 오르니 아름다운 순례자 일행의 철 조각품이 서 있었다. 중세시대 모습을 재현한 구조물인 듯했다. 깃발도 들고 봇짐도 메고 말과 노새를 타고 걸어가는 순례자들을 천천히 쉬면서 감상하고 즐겨야 하는데 거센 바람 때문에 사진만 몇 장 찍고 서둘러 내려와야 했다. 올라가는 길과 달리 내려오는 길은 험하고 가파르다. 오를 때보다 더 조심하면서 천천히 내려왔다. 일부러 자갈을 뿌려 놓은 것처럼 여기저기에 발을 헛디딜 수 있는 장애물이 많아 무척 힘들었고 경사가 있는 길이었기에 모두들 지팡이에 기대면서 조

알토데 페르돈 언덕에 오르면 가장 먼저 볼 수 있는 예전 순례자의 철 조형물.
오래 전 이 조형물의 주인공들이 순례를 하고 있을 때 어떤 다짐을 하고 있었을지 무척이나 궁금하다.

심조심 내려갔다.

작지만 고풍스런 아름다운 집들이 매력적인 우테르가(Uterga)를 멀리하고 가던 중, 쉬고 있던 이주영 양을 다시 만나게 되었다. 보면 볼수록 용감하고 상냥하며 붙임성 좋은 대한민국의 숙녀라는 생각이 들었다. 그곳에서 짧은 시간을 함께하고 우리는 다음에 만나자고 약속을 한 후 30분 정도를 걸었다.

어제부터 앞서거니 뒤서거니 하면서 가던 프랑스 네 미녀 아줌마를 만났다. 이들 중에는 팔에 깁스한 아줌마도 있었다. 참으로 용감한 이 아줌마들은 산티아고에서 부르려고 준비한 찬송가를 열심히 외치며 즐거운 마음으로 걸었다. 우리 부부를 보고 용감하고 대단하다고 칭찬을 하면서 엘리자벳은 우리와 사진을 같이 찍었다. 그리고 우리 부부를 위해 사진을 찍어 주는 배려를 해주었다.

순례 도중에 만난 프랑스 여성 순례자들.
팔에 깁스를 하고도 여정을 멈추지 않는 그들의 열정에 감탄할 뿐이다.

조금 더 걸어서 오바노스(Obanos)에 도착해 교회 앞 광장에서 아름다운 조각 앞에 멈췄다. 청동 조각품, 십자가에 가시관을 쓰고 못 박혀 있는 예수님, 그 조각상과 교회와의 조화가 처절하도록 아름답다. 야고보 사도가 이곳을 지나서 땅 끝까지 전도여행을 떠났고, 그 후로 수많은 사람들이 이 길을 걸었으며 오늘 이 자리에는 우리도 있다.

오바노스는 철제 발코니가 달린 예쁜 돌집들이 늘어서 있는 작은 마을이다. 보기와는 달리 이곳에는 비극적인 남매의 이야기가 전해지

오바노스에서 본 청동 십자가상에서 느껴지는 경이로움에 절로 고개가 숙여진다.

고 있는데, 프랑스의 공작 기에르모와 그의 누이인 펠리시아의 이야기다. 펠레시아는 산티아고로 향하는 순례자들의 삶에 감명 받아 북부 나바라 지역에서 수행자로 살아가기로 결심한다. 화려하나 공허한 프랑스 궁정 생활 대신 빈곤하지만 충만한 은둔자의 삶을 살기로 한 걸까. 그녀를 귀족 생활로 돌아오게 하는데 실패한 오빠는 격노한 나머지 동생을 살해하고 후회와 자책으로 괴로워하던 기에르모는 결국 산티아고로 순례를 떠나게 된다. 순례를 마치고 돌아온 그는 더 이상 예전의 기에르모가 아니었다. 그는 누이를 추모하며 남은 생을 경건하게 보낸다.

그가 죽은 후 남매는 모두 가톨릭 교회로부터 '복자(福者)'라는 칭호를 얻음과 동시에 모든 교회가 공경하는 시복(諡福)의 반열에 오른다. 아직까지도 오바노스 마을의 교회에는 은으로 싸인 기에르모의 유골이 전해 내려온다. 재미있는 일은 기에르모의 해골이 그 후로도 오랫동안, 신성한 와인을 만드는 데 사용되었다는 사실이다. 즉, 유골에 부어서 신성해진 와인을 성 금요일마다 마을 주민들에게 제공했다는 것이다(김남희, 2006).

프엔테 라 레이나(Puente la Reina)에 도착하여 자퀘(Jakue) 알베르게에 도착하였으나 30분 정도 기다리라고 한다. 정원 앞에 앉아 있는데 윌리라는 이름의 독일인이 다가왔다. 나이가 53세이며, 2개월 동안에 산티아고에 간다고 한다. 인상이 퍽 부드러웠다. 샌들을 신고 지금까지 왔고 앞으로도 샌들 신고 산티아고까지 간다고 해서 우리 부부는 놀랐다.

오후에 휴식을 취하고 마을 구경을 하면서 내일 아침거리를 사기 위하여 슈퍼마켓에 갔다. 거기에서 한국인 모녀를 만났는데 매일 30km 이상을 걸어오고 있다고 한다. 7월 25일 산티아고 대축제일에 참가하기 위하여 빨리 간다고 하여 간단한 인사만을 하고 헤어졌다. 그들이 축제일 전에 무사히 도착하길 기원해 본다.

알베르게에 오면서 해프닝이 있었다. 우리 부부가 재미있는 이야기를 하면서 오는데 맞은편에 스페인 부부가 오고 있다. 그런데 그들이 우리를 지나치자마자 나의 몸에서 소리가 났다. 방귀였다. 모른척하면서 지나갔는데 1~2분 지난 후에 뒤에서 무슨 소리가 들려 돌아보니 스페인 남자가 우리를 보고 방귀뀌는 흉내를 낸다. 무슨 말을 하는지 모르겠는데 아내가 방귀 때문인 것 같다고 했다. 미안하다고 했다. 그런데 그 스페인 남자가 기마자세를 하면서 붕붕 소리를 내면서 흉내를 냈다. 다시 미안하다고 했다. 그런데 스페인 남자의 흉내 내는 모습이 하도 재미있어 나도 그런 자세를 취하면서 붕붕했다. 아내가 박장대소를 한다. 이 후에 피곤하고 심심할 때 이런 행동을 해

아치형으로 건축되어진 여왕의 다리로 유명한 프엔테 라 레이나.
도시의 이름 역시 여기에 비롯되서 지어졌다고 한다. 다리를 배경으로 한 도시의 전경

보여 서로가 웃곤 했다. 본의 아닌 실수로 시작된 이 해프닝을 통해 인상적인 추억도 만들게 되어 스페인 부부에게 너무나 감사하다. 이 모든 일들이 긴 여정에 지친 우리들에게 활력을 불어넣어 주시기 위해 하나님께서 보내주신 작은 선물이 아닌가 하는 생각을 해본다.

도시 내부의 한적한 거리 풍경

별이 내리는 마을을 가다

프엔테 라 레이나 → 에스테야(24.3km)

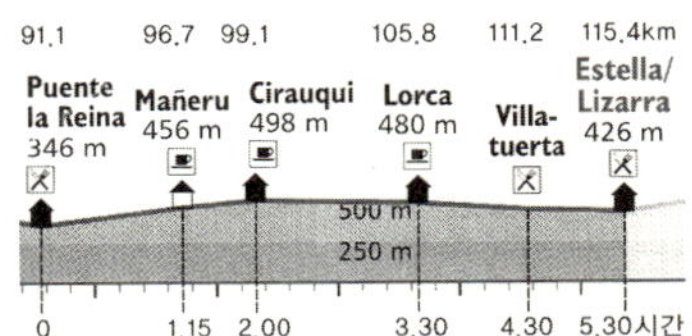

오늘의 목적지는 에스테야(Estella)로 별이 내리는 마을이라는 의미를 가진 도시이다. 11세기 초에 양치기들이 비가 오는 것처럼 쏟아지는 별에 이끌려서 파묻혀 있던 성모상을 발견했다는 전설에서 유래하고 있다고 한다.

새벽 6시 10분에 출발한 우리는 출발지에서 우왕좌왕하다가 구시가지의 중심을 관통하는 마요르(Mayor) 거리를 지나면서 아르가강에 걸쳐있는 다리를 보게 되었다. 이 다리는 11세기 초 나바라 왕비가

프엔테 라 레이나를 떠나기 전에 다리를 배경으로 아내의 사진을 찍었다.
믿음으로 이번 순례에 나를 따라와 준 아내에게 항상 감사하다.

만든 것으로 여기에서 도시 이름("왕비의 다리"라는 뜻)이 유래되었다고 한다. 유럽에서 가장 우아한 로마네스크 양식의 다리 중 하나인 이 다리는 6개의 반원형 아치가 조용히 흐르는 아르가강 위에 비춰져 비로소 둥근 원을 만들게 된다. 연달아 늘어서 우아한 자태를 연출하는 다리는 마치 천국으로 가는 무지개 같다고 한다.

21세기인 지금도 다리는 예전의 모습 그대로 남아 있다. 고풍스런 집들과 잘 어울리는 다리의 풍경이 무척이나 아름다워서 그냥 스쳐 지나가기 아까운 마을이라 저절로 사진을 찍게 만들었다.

30여분이 지난 후에 6일 만에 처음으로 포도밭에서 가지치기를 하는 농부를 보았다. 시골에서 농사를 짓는 사람들의 고생이란 말할 수 없다. 그 모습을 보고 있자니 내 유년시절이 떠올랐다. 지금 생각하면 아버님이 일찍 돌아가셔서 어머님께서는 무척 많은 고생을 하시며 우리를 기르셨다. 그 많은 논과 밭, 그리고 종갓집 며느리로서 집안일 등에 언제나 바쁘게 사셨다. 특히 내가 방학 중에 시골에 가 농사일을 도우려고 하면 못하게 하셨다. 한 번은 벼를 베다가 낫으로 왼쪽 손가락을 크게 베어 상처가 난 일이 있었는데 그 일 이후 일절 농사일이라면 못하게 하셨다. 하지만 자식으로서 언제나 그것이 마음에 걸렸다.

시골에 있다가 돌아올 때가 가장 가슴이 아팠다. 어머님은 꼭 동네 뒤 언덕까지 나오셔서 내가 가는 것을 보고 계셨는데 그곳에서 멀리 가는 자식의 모습을 오래도록 볼 수 있어서 그러셨을 것이다. 가면서 되돌아보면 언제까지나 그 곳에 서 계신다. 그리고 손짓을 하신다. 어머니에 대한 애끓는 사랑을 표현한 허호석 시인의 '어머니'라는 시를 보면 우리 어머니와 같다는 생각이 든다.

스치우는 바람에 마음 긁히시며
풀잎처럼 하늘밭에 사셨습니다.

자갈밭에서 호밋날에 찍혀나온 하늘조각을
개여울 물소리에 씻으시며
저녁놀 언뜻 돋는 별에도
호미등 처럼 굽은 허리 펴실날 없으시던 어머니

초근목피 가난도 함께 나누시며
천 가지 만 가지 행하심을
산밭에 흙손으로 심으셨던 말씀을
가슴가슴마다 들꽃으로 피어납니다.

업고 걸리며 푸른 하늘을 이어 나르신 어머니
가지가지 이는 바람 가슴에 묻던 그 깊은 뜻
어렴풋 이제야 헤아리니 어찌합니까.

아! 이제는 건너 산 하늘 밭에
하얀 찔레꽃으로 피실 어머니
어머니, 사랑합니다. 사랑합니다.

가지치기하는 농부를 보면서 왠지 모르게 마음속에서 어머니의 풍경이 오랫토록 지워지지가 않았다. 외모도 배경도 모든 것이 다르고 생소한 이곳이지만 우리네 고향의 아득한 옛 향수와 함께 겹쳐지고 있었던 그 순간은 아마 내게 있어서 다시는 잊지 못할 가슴 속 사진

밀밭인가 꽃밭인가!
익어가는 밀밭 속에 붉은 야생 양귀비와 노란 꽃무리가 기막힌 조화를 이루는 곳을 지난다.

으로 남아있을 것이다.

다리를 떠나 밀밭 사이를 얼마 지나지 않아서부터 완만하게 오르는 언덕길이 한 굽이 두 굽이 계속되더니 경사가 급해졌다. 지금 가는 곳은 바스크어로 "독사의 둥지"라는 뜻의 마을인 시라퀴(Cirauqui)로 로마시대의 돌길이 아직도 남아 있는 예쁜 마을이다. 급한 경사를 넘고서 밀밭과 포도밭 사이를 걸어 언덕 위에 그림처럼 서 있는 시라퀴로 들어서서, 전원 풍경도 구경할 겸 마을 가운데에 있는 벤치에 앉아서 아침을 해결했다.

식사를 하는 동안 동네 고양이가 앞에 앉아서 우리를 다정하게 쳐다보고 있었는데 빵을 주었더니 순식간에 없어졌다. 잘도 먹는다. 집에 있는 우리 딸기(요크셔테리어)가 보고 싶다. 지금쯤 우리가 집에 돌아오기를 기다리고 있지 않을까?

10시경 로르카(Lorca)마을에 도착하여 바(Bar)에서 카페콘레체와 바나나로 간식을 먹었다. 특히 순례 중간 중간에 바를 찾는 이유 중에 하나는 화장실을 이용해야 하기 때문이다.

가는 길에 유난히 나이가 많은 할머니와 할아버지를 많이 만났다.

서양 사람들의 얼굴 표정이 무척이나 맑아보였다. 힘들고 피곤하더라도 이 순례길을 즐기는 것이 보인다. 여유가 있었다.

도시 입구 근처에 공원과 강물이 어우러져 경치가 아름답게 보이는 에스테야. 이 도시의 공립 알베르게(Municipal Albergue)에는 13시에 도착했다. 호스피탈레오(자원봉사자)가 배정해 준 침상 위치가 좋지 않고 또, 너무 낮아서 다른 곳으로 옮겨 달라고 부탁했으나 완강히 거절한다. 할 수 없이 숙소내의 샤워실 앞 침상을 그대로 쓰기로 하였다.

1시 이후에는 시에스타(Siesta)라서 동네 어디에도 사람이 다니지 않는다. 시에스타가 스페인의 문화이기에 순례자의 입장에서 보면 아주 불편하기 짝이 없는 것이다. 다행스럽게 시에스타 시간에 바(Bar)는 영업을 해서 끼니를 때우는 데는 큰 불편함이 없었다. 아마 우리처럼 세계 각지에서 몰려오는 여행자들을 위한 작은 배려가 아닐까 생각된다.

간단하게 점심을 해결하고 샤워와 빨래 등을 하고 휴식을 취하고 있었는데 여기서 첫날 같이 출발했던 장상혁 사장을 만났다. 그리고 이주영 양이 있지 않은가. 장 사장의 며칠 동안의 이야기를 들으면서 모처럼 네 명의 한국 사람이 수다를 떨었는데 갑자기 비가 쏟아졌다. 우리 부부가 아침마다 출발기도를 하면서 빠뜨리지 않은 것이 좋은 날씨를 주신 하나님께 감사한다는 것이었다. 그런데 우리가 쉬고 있을 때 비가 오고 모처럼 무더운 더위에 비가 오니 세상 만물이 시원해 보이고 하나님께 무척이나 감사할 따름이었다.

이른 저녁을 먹기로 하고 마트에 가려고 하니 그때까지 비가 내렸다. 처음으로 준비한 판초우의를 꺼내어 입고 마트에 갔다. 스파게티를 하자고 하니 장 사장이 여기에 초리소(피순대)를 넣어 먹으면 맛있다고 해서 같이 샀다. 넷은 한국에서 밥을 먹는 것 같은 분위기를 한껏 내보이면서 즐겁게 식사를 했다. 착한 이주영 양이 수박을 사와서 후식으로 맛있게 먹을 수 있었다.

저녁 8시가 되었지만 아직도 날이 밝다. 내일 일찍 출발하기 위해 배낭을 정리하고 침상에 누웠는데 샤워실로 사람들이 자주 드나들어 신경이 쓰였다. 여행을 하고 있자니 조금씩 피곤함이 누적되어 어깨와 발이 쑤시기 시작한다. 마지막까지 최대한 몸 관리를 잘해서 아내와 함께 무사히 산티아고에 가고 싶다.

그런데 어젯밤 꿈에 만나고 싶지 않은 사람들이 나타나서 의아하게 생각됐다. 아내에게 이야기하자 순례길에 그 사람들이 나타난 것을 보면 용서하라는 의미라고 말해주었다. 꿈과 순례, 그리고 용서. 이 세 단어가 머리를 맴돌기 시작하자 한 동안 혼란스러웠다.

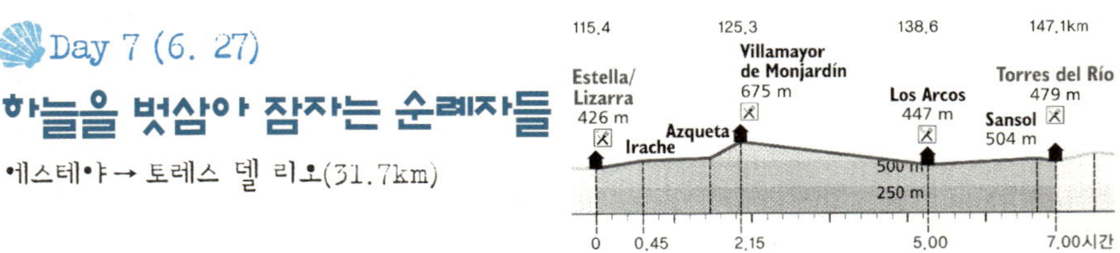

Day 7 (6. 27)

하늘을 벗삼아 잠자는 순례자들

에스테야 → 토레스 델 리오(31.7km)

오늘은 카미노 7일째로 처음으로 31.7km의 먼 거리를 걸어야 하는 날이다. 그래서 새벽 4시에 일어나 준비를 했고 처음으로 랜턴을 사용하면서 새벽에 출발했다. 어두운 새벽길이고 낯선 곳이라 무섭기도 했다. 혼자 가는 길이라면 더욱 조심해야 할 것 같다.

하지만 어두운 새벽길 속에서 멀리 보이는 커다란 개밥바라기별이 우리를 인도하여 주었고 새 소리와 새벽바람이 마음을 상쾌하게 해 주었다. 새벽길을 걸어본 사람은 알 것이다. 달빛에 비친 그 길의 평온함을 가슴으로 느끼면서 한 걸음 한 걸음에 달빛이 물러나고 다가오는 순간을. 비록, 주변은 어두웠지만 새벽 그 자체를 벗 삼아 걷고 있자니 긴장했던 마음 한 구석이 한결 나아졌고, 이내 걸음도 한 층 가벼워졌다.

에스테야를 벗어날 쯤 새로 지은 알베르게가 하나 나타났고 작은 마을(Ayegui)을 지나자 이라체 수도원이 나왔다. 이라체(Irache) 수도원에서 순례자를 위한 와인과 물을 마실 수 있도록 꼭지를 달아놓았다. 왼쪽을 틀면 붉은 와인이 나오고, 오른쪽을 틀면 물이 나오길래 물 두 병을

이라체 수도원에서 순례자를 위해 설치된 수도. 물과 와인이 동시에 나오는 수도로 많은 순례자들의 사랑을 받는 동시에 순례지의 필수 코스로 자리매김하고 있다

채우고 한 병의 물통에는 와인을 조금 채웠다.

어두웠기 때문에 갈림길에서 이정표를 잘못보아 구도로(Old way)의 길을 따라서 가게 되었다. 구도로는 몬테루나(Montejurra)산 옆길을 따라가게 되어 있었다. 그 길을 걸으며 이곳은 마치 지리산 숲길과 흡사하단 생각이 들었다. 무성하게 도열한 나무와 지저귀는 새들을 감상하다 멀리 동이 트는 하늘을 보니 새벽 동안 우리를 인도해주던 개밥바라기별도 희미하게 보였다.

숲을 벗어나자 끝없이 펼쳐진 밀밭과 포도밭이 우리를 반겼고 걸어도 걸어도 끝나지 않는 밀밭과 포도밭이 황홀할 정도였다. 정말로 축복받은 나라인 것 같다. 그런데 한참을 걷다보니 아내가 다리와 어깨 통증을 호소하기 시작했다. 오늘은 처음으로 32km를 도전하고 있어서 무리라고 생각을 하고 감수하고 있지만 약간은 걱정이 되었다.

수풀 끄트머리에 앉아 있는 작은 새의 모습이 하늘의 후광을 뒤로하고 어렴풋이 보인다.
숲과 하늘과 새를 통해 바라보는 하나님의 영광과 대자연의 푸르름이 멀리 있지 않음을 느끼게 된다.

신의 축복을 절로 감상할 수 있는 광활한 평원.
간간히 보이는 숲이 끝나면 순례의 대부분을 밀밭과 포도밭의 장관과 함께 하게 된다.

멀리 마을이 보였다. 처음에는 우리가 목표했던 마을 같았는데 이 마을이 아니고 다음 마을이었다. 덕분에 아내의 실망은 무척 컸다. 아내는 너무 힘들다면서 이 마을에서 쉬고 싶다고 했지만 이 마을 산솔(Sansol)에는 알베르게가 없어 할 수 없이 조금만 더 가자고 설득하여 겨우 토레스 델 리오(Torres del Río)마을에 도착했다.

알베르게에서 잠자리를 정하고 점심을 먹으러 레스토랑에 갔다. 그리고 오후에는 알베르게에 와서 한없이 낮잠을 잤다. 눈을 뜨니 7시다. 방에 와보니 전부터 같이 걷던 순례자들이 와있다.

젊은 스페인 남녀친구, 독일 여성, 팬티사건의 두 독일 여학생, 헝가리 아줌마 슈잔이 있다. 서로 반갑게 인사를 했지만 이 독일 여성들은 방이 없어 야외에 매트리스를 깔고 하늘을 천장삼아 오늘밤을 지내야 한다고 했다. 안쓰럽게 생각됐지만 추억도 될 것 같다. 순례길에서만 가능한 일일 테니… 이해인 님이 쓰신 '순례자의 기도'가 나에게 위안을 준다.

저무는 11월에 한 장 낙엽이 바람에 업혀 가듯
그렇게 조용히 떠나가게 하소서

그 이름 사랑이신 주님
사랑하는 이에게도 더러는 잊혀지는 시간을
서러워하지 않는 마음을 주소서

길에서 만난 이들은
모두가 손님일 뿐
아무도 내 최후의 행장을 묻는 주인 될 수 없음을
알아듣게 하소서

그 이름 빛이신 주님
한 점 흰구름 하늘에 실려가듯
그렇게 조용히
당신을 향해 흘러가게 하소서

죽은 이를 땅에 묻고 와서도
노래할 수 있는 계절
차가운 두 손으로
촛불을 켜게 하소서
해 저문 가을 들녘에
말없이 누워 있는 볏단처럼
죽어서야 다시 사는
영원의 의미를 깨우치게 하소서

저녁식사 시간이 되었고 그날 우리의 메뉴는 스파게티였다. 옆에 있던 프랑스인은 우리 부부에게 이탈리아인이냐고 농담을 걸면서 웃었다. 주방에서 설거지를 하던 키가 크지 않은 포르투갈 할아버지가 크게 웃으면서 계속 말을 건네는데 도저히 어떤 의미인지 이해할 수 없었지만 너무 천진난만한 아이처럼 이야기를 하셨다. 내가 영어를 할 수 있느냐고 질문하자 모른다고 하시며 알아들을 수 없는 이야기를 거리감 없이 계속 해주셨다. 정말로 세상을 즐겁게 편안하게 살고 계신, 아기같은 할아버지라고 생각을 했다.

Day 8 (6. 28)

인생의 강력한 후원자

토레스 델 리오 → 로그로뇨(22.4km)

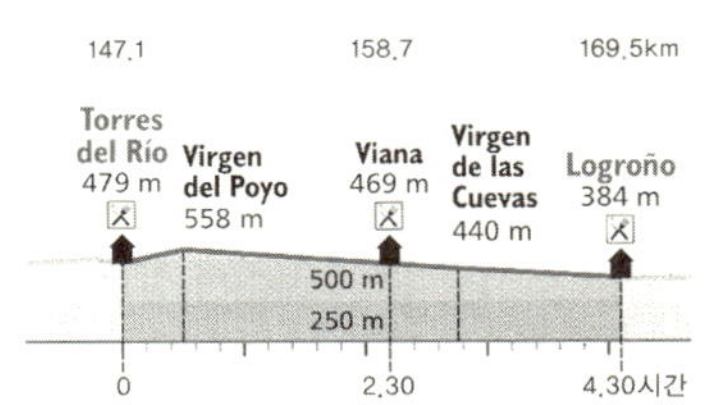

어제 31.7km를 걸어서 그런지 일어나기가 무척 힘들었다. 모처럼 늦은 김에 알베르게에서 아침 식사를 하고 7시 10분에 출발했다. 아내의 무릎이 걱정이 되어 자주 상태를 물어보면서 길을 걸었다. 또 한참을 가다가 물어보니 괜찮다고 한다. 안심을 하면서 가급적 30km 이상은 걷지 말아야겠다고 다짐하였다.

비안나(Viana)에 도착하여 바(Bar)에서 카페콘레체 그란데와 샌드위치를 먹었다. 이곳 비안나는 교황 알렉산데르 6세의 아들이요, 마키아벨리의 군주론의 주인공인 케사레 보르기아(Cesare Borgia)의 짧은 인생이 묻혀있는 곳이란다. 아버지 교황이 죽은 후 실권하여 에스파니아로 유배되어 갇혀 있다가 탈출하여 처남인 나바라 왕의 곁에 의탁해 있던 중 1507년 비안나 외곽에서 나바라 반역자들과의 전투에서 전사하여 비안나의 산타마리아 성당에 묻혔다고 한다.

먼저 간 슈잔 아줌마, 독일 여대생 등이 차를 마시면서 우리를 반겨 주었다. 슈잔 아줌마는 우리 목적지보다 13.5km를 더 가서 나바레

가는 길 옆에 이름 모를 야생화가 널려 피어 있었다. 그 중에 하나를 아내가 메꽃이라고 가르쳐주었다. 친구 중에 박노신 사장은 특히 야생화와 새들에 대해서 많이 아는데 이곳에 왔으면 좋았겠다는 생각이 들었다.

테(Navarrete)에 숙박을 하겠다고 했다. 정말 인내력이 강한 여인이다. 이번 카미노 길에서 60세 이후의 자기 인생의 새로운 전환점을 찾겠다는 그녀의 목적이 꼭 이루어졌으면 한다.

오늘은 길들이 오르막 내리막 길이 있고 마을들을 끼고 있어서 그런지 그렇게 피곤하지 않게 12시 40분에 로그로뇨(Logroño)에 도착을 했다. 하지만 1시 30분이 되어야 알베르게 문이 열리기 때문에 모두 배낭을 순서대로 놓고 기다리고 있어야 했다. 이틀 전에 만났던 호주 할아버지 부부가 걱정스럽게 서 있다. 할머니의 무릎이 상태가 매우 좋지 않아서 병원에 가서 치료를 해야겠다고 한다. 치료를 한 뒤에는 레온(León)까지 버스를 타고 가겠다고 한다. 그 곳에서 며칠 간 쉬면서 상태가 호전되어지길 기다렸다가 다시 걷겠다고 한다. 70대 할아버지의 의지가 대단했다.

1시 30분에 알베르게 도장을 찍고 잠자리를 배정받았다. 너무 시장

호주 할아버지와 아내가 알베르게를 기다리며 이야기를 하고 있다.

모두들 알베르게가 열리기 전까지 배낭을 길게 늘어뜨리고 기다리고 있다. 스페인의 한 낮 열기가 너무나 뜨겁기 때문에 오후에는 다들 그늘을 찾게 된다.

했던 탓에 목욕도 하지 않고 구시가의 메르카도 광장 앞에서 점심식사를 했다. 메르카도 광장에는 두 개의 종주가 인상적인 산타마리아 데 라 레돈다 대성당(Concatedral Santa maria de la Redonda)이 있는데, 그 성당은 15세기에 지었으며 18세기에 증개축 되었다고 한다. 우연찮게 이 날 그곳에서 결혼식이 있었는데 신랑과 신부가 성당 문에서 나올 때 밖에서 기다리던 화객들이 축포와 쌀 주머니 등을 던지며 축하하는 모습을 보게 되었다. 우리 부부가 결혼한지 29년이란 세월이 흘렀다. 결혼식 날은 1980년 1월 20일로 많은 눈이 내려 우리를 축복을 하였으나 신혼여행은 힘들게 갔다. 자동차로 도고온천에 가는데 5시간이나 걸렸고 그 다음날 서울을 거쳐 설악산에서 나머지 시간을 보냈는데 지금 돌이켜 보면 꿈같은 시절이었다. 주례선생님은 나의 은사이셨던, 내 인생의 멘토(Mentor) 강오전 선생님이셨다. 선생님은 대학원 진학을 권유해 주셨고 어려운 일이 있을 때마나 격려의 말씀을 해주셨다. 특히 내 결혼식 때 주례 말씀은, 내가 주례 때 그 말씀을 인용하여 제자들에게 해 줄 만큼 무척이나 값진 말씀이셨다. 간단하게 요약하면,

오늘은 기념일로 생각하고 오늘의 기쁨을 기억하고 살 것, 신부는 이 가정의 태양이 되어서 모든 곳을 빛으로 밝게 해야 한다는 것, 신랑은 경제력으로 자립할 수 있도록 노력해야 할 것, 그리고 신부와 신랑은 서로 배려해야 하고, 서로 인정을 하면서 결혼생활을 하도록.

이라는 말씀이다.

이곳 성당에서의 결혼식은 우리 문화와 달라 내게 무척 신선하게 보였다. 우리는 아버지가 딸을 신랑에게 인도하는데 반하여 이곳에서는 아버지가 딸을 주례자인 신부님에게 인도하고 신부님은 다시 신랑에게 인도해 주었다. 아버지가 딸을 신부님에게 인도하는 것은 하나님의 종이 이 혼인의 증인이라는 느낌을 주어 더욱 경건하고 의미 있는 예식이 되게 해주는 것 같아 신선한 충격을 받았다.

천상병 시인은 "행복"이란 시에서 하나님을 가장 강력한 후원자로 노래하는데 그가 정말로 가장 행복한 사람인 것 같다.

나는 세계에서
제일 행복한 사나이다.

아내가 찻집을 경영해서
생활의 걱정이 없고
대학을 다녔으니
배움의 부족도 없고
시인이니
명예욕도 충분하고
이쁜 아내니

여자 생각도 없고
아이가 없으니
뒤를 걱정할 필요도 없고
집도 있으니
얼마나 편안한가.
막걸리를 좋아하는데
아내가 다 사주니
무슨 불평이 있겠는가.
더구나
하나님을 굳게 믿으니
이 우주에서
가장 강력한 분이
나의 빽이시니
무슨 불행이 온단 말인가!

점심을 먹고 산책을 하면서 도시 구경을 하고 슈퍼마켓에서 저녁과 아침거리를 준비하여 숙소에 와보니 이주영 양이 와 있다. 반가운 얼굴이다. 한참을 이야기 한 후에 오이 마사지를 하겠다고 오이를 사와서 반을 아내에게 준다. 고마운 딸 같은 아이다. 알고 보니 우리 딸 주희와 나이도 같았다.

사람이 꽃보다 아름답다

로그로뇨 → 나헤라(31.2km)

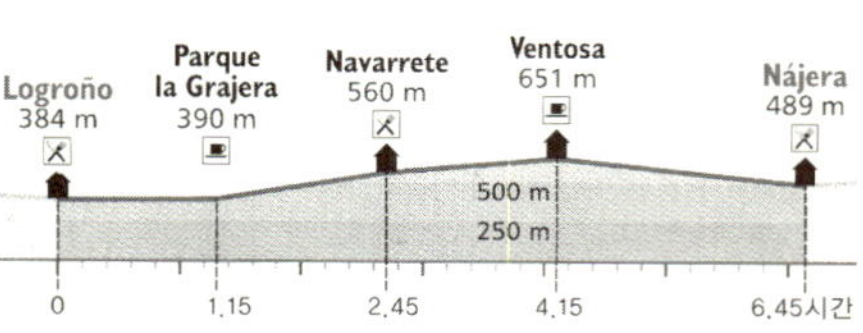

오늘은 우리 아들의 생일이다. 멀리 떨어져 있어 안타까운 마음이다. 다행히 장모님께서 생일상을 준비해서 동생하고 생일을 축하하기로 했다니 마음이 놓였다. 언제나 부족하다고만 생각했었는데, 이제는 의젓하고 어른스럽게 행동한다.

도시속의 알베르게는 언제나 소란스럽다. 새벽 4시경 깨어서 좀처럼 잠이 오지 않아 한참을 뒤척이다 잠이 들었다. 5시 33분경 일어나 준비를 하고 6시에 출발했다. 오늘도 날씨가 좋다. 아주 상큼한 새벽이다. 새벽이야 언제나 상쾌하지만 더운 지역일수록 그 맛은 더하게 마련이다. 지는 달과 함께, 떠오르는 태양과 함께, 그리고 온갖 새소리 바람소리와 함께 조용하게 걷는 아침시간이 좋아서 많은 순례자들은 우리처럼 아침 일찍 출발을 한다.

로그로뇨(Logroño) 시가지를 벗어나는데 한 시간 정도 걸렸다. 도시 끝 지점에서 만나는 기아자동차, 현대자동차 간판이 어찌나 반가운지 우리나라의 국력을 실감하게 된다. 도시가 잘 정리되고 깨끗했다. 프란타노(Plantano)를 지나면 거대한 호수가 나오는데 그곳에서 사람들이 캠핑과 낚시를 즐기고 있었다. 자연의 선물을 충분히 즐기는 이들이 부럽기만 했다. 한참을 가다보니 어제, 그제와 같은 풍경이다. 밀밭 아니면 포도밭이 계속 된다. 처음에는 인상 깊은 풍경이었지만 시간이 갈수록 피곤함을 더욱 느낀다. 마침 공원에서 어떤 할아버지가 약간의 과일과 과자 등을 놓고서 먹으라고 했고 용감한 아내가 체리를 몇 개 집어 들고 와 맛있게 먹는다. 순례자 증명서에 도장도 찍어 주시고 친절하고 감사한 할아버지다. 어느 교회에서 나와, 순례자들을 위해 봉사하고 계신 것 같았다.

아내의 무릎 상태를 보아 가며 목적지를 결정하기로 했기 때문에 조심스럽게 물어보니 아직은 괜찮다고 한다. 문제가 생기지 않도록 기도한다. 눈을 들어 보니 제주도의 유채꽃과 같은 꽃이 많이 있었다.

순례길에 오기 전에 두 차례에 걸쳐서 제주도를 다녀왔다. 첫 번째는 제주공항에서 용두암, 애월, 모슬포 그리고 서귀포까지 아내 친구들과 함께 설레발 단장으로 '취임'하여 3박 4일 동안 걸었었고, 두 번째는 제주 올레 5코스 개장 전야제에 참여하여 제주 올레 분과 많은 이야기를 나누었었다. 제주 올레 서명숙 이사장은 자기가 산티아고 순례길 선배라고 하신다. 제주도에 돌아와서 걷고 싶은 길을 만들기 위해 남동생(사무총장)과 함께 헌신하고 있는 모습이 아름답다. 그 자리에는 산티아고를 책으로 많은 사람들에게 소개했던 김남희 씨도 있었는데 2009년도에 남미를 일 년간 여행하고 싶다는 계획을 이야기했었다. 새로운 꿈을 이루고 또 계속해서 새롭게 도전하는 모습들이 더욱 더 아름다워 보였다.

멀리 나바레테(Navarette)가 보였다. 나바레테 마을로 들어가는데 멀

이 순례길이 고행의 길이라 할지 몰라도, 걸음걸이 마다 다가오는 풍경은 그야말로 축복이다.

리 검은 황소동상이 보인다. 목공소가 있어서 잘 보이지 않지만 한참 나와서 되돌아보면 확실히 잘 보인다. 정말 지금이라도 뛰쳐나올 것만 같다. 순례자의 길은 도로를 따라 조금 언덕진 길이었다. 왼쪽에 나무가공 공장이 있고 오른쪽은 도로를 따라서 철조망이 드리워져 있었다. 많은 십자가가 철조망에 달려 있다. 순례자들이 그렇게 달아 놓은 듯하다. 어떤 의미일까? "내 멍에를 메고 나한테 배워라"(마태복음 11:29)는 예수님처럼 남의 짐을 함께 지고 가겠다는 다짐으로 십자가를 매달아 놓았을까? 아니면 지고 온 자신의 십자가를 여기 이 순례길에서 주님께 내려 놓을 수 있는 마음의 변화가 있어서일까? 십자가를 주님께 내려놓는 것은 쉽게 할 수 있을 것 같다. 나도 여기에 내가 지고 왔던 십자가를 주님께 내려놓자고 다짐해 본다.

아직까지 아내의 다리는 무사하다. 오늘의 계획은 벤토사(Ventosa)였지만 아내가 견디어 주면 다음날 순례여정이 편해질 수 있기 때문에 힘들더라도 나헤라(Nájera)까지 갔으면 했다. 29.7km이다. 걱정이 되기에 아내의 무릎 상태를 수시로 점검을 하면서 갔다. 너무 단조로운 순례길이었지만 다행히 우리는 나헤라에 도착할 수 있었다. 나헤라 도시에 도착하니 도시의 강 주위에 많은 사람들이 축제 같은 행사를 하고 있었다. 여기저기에는 5일장 같은 물건들이 진열되어 있고 강가에서 많은 사람들이 수영을 하기도 하고 잔디밭에서 점심을 들기도 했다. 그 광경을 보니 우리도 허기가 들었다. 시간을 보니 거의 1시 30분이 되었다. 알베르게는 2시 30분에 입장시킨다고 메모가 되어 있었다.

배고프고 날씨는 매우 더웠다. 배낭을 줄지어 놓고 아내와 같이 강 주위 잔디밭으로 가자, 먼저 온 순례자들이 와인을 들고 한 모금 마시라고 한다. 스페인에서 온 사람들이었다. 그 중에는 기아자동차 로

멀리 보이는 나헤라의 전경

고가 박힌 티셔츠를 입고 있는 젊은이도 있었는데 내가 그에게 기아 자동차는 한국에서 만든 자동차라고 하면서 우리도 한국에서 왔다고 하자 순례자들이 함께 사진을 찍자고 해서 같이 있던 사람들과 어울려서 사진을 찍었다. 2시 30분에 알베르게 등록을 하고 시가지로 가서 점심을 먹으려고 레스토랑에 갔으나 시간이 지났다고 한다. 할 수 없이 바(Bar)에서 빵, 고등어조림, 감자 등으로 점심을 대신했다. 알베르게는 기부제로 운영되고 있기에 자기가 내고 싶은 만큼 돈을 내면 되었다. 한 방에 92개 침대가 가득 찼다. 오늘 밤이 걱정이다. 어떻게 견디어 낼까? 몹시 피곤했다. 내일은 산토 도밍고까지 20.6km 정도를 갈 예정이지만 아내는 7.2km를 더 가서 그라뇽(Grañón)까지 가자고 한다. 그 곳 알베르게는 신부님께서 직접 저녁과 아침을 제공해 준다는 정보를 알고 그 곳으로 가고 싶어 했다. 늦게나마 저녁을 하기 위해 광장에 나왔다. 오늘 저녁에 스페인과 독일의 유로 2008 결승전 축구경기가 있어 광장에 대형 스크린이 설치되어 있고 많은 사람이 모이고 있었다.

우리는 식사를 하기 위해 레스토랑에 가서 뽈보(문어)와 샐러드를 시켜 저녁을 먹었다. 언제나 레스토랑에서의 일화는 재미있다. 우리 옆 좌석에 앉아 식사하는 중년신사에게 물어 보며 주문을 했는데 뽈보 이야기를 하면서 문어 모양새를 두 손으로 흉내내어 준다. 고마운 아저씨다. 우리 부부의 사진도 찍어줬다. 한국에서 왔다고 하니 북이냐 남이냐 물어본다. 우리나라에 대해서 약간 아는 것 같다. 광장으로 가보니 많은 사람이 축구를 보면서 꼬레 꼬레 소리치면서 열심히

각국에서 온 순례자들과 함께 찍은 사진. 이 순례길에서는 인종과 나라라는 걸림돌은 서로의 눈빛과 마음을 이해하는 데 있어서 아무런 장애가 되지 못한다.

응원한다. 우리 부부도 같이 응원하자면서 에스파냐를 외쳤다. 같이 응원하면서 2002년 월드컵 때를 생각했다. 스포츠는 많은 사람을 하나로 뭉쳐 주는 힘이 있는 것 같다. 모두 하나가 됐다. 소녀들이 우리와 같이 사진 찍자고 해서 같이 사진도 찍었다. 젊어지는 것 같았다. 언어가 통하지 않더라도 마음으로 통하는 것 같다. 인간은 인간이다. 역시 사람이 꽃보다 아름답다.

돌아와 잠자리에 누웠는데 거리에는 자동차 크락숀 소리가 요란하고 불꽃놀이 때문에 축포 소리가 요란하게 들린다. 아마 경기에서 이겼나 보다. 아무래도 너무 시끄러워서 잠을 설칠 것 같다.

★순례길에서 만났던 스페인의 축구사랑

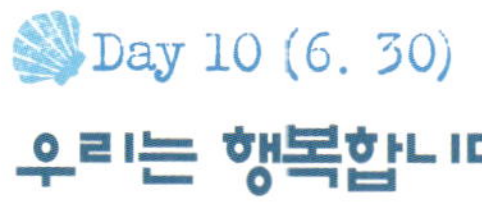

Day 10 (6. 30)
우리는 행복합니다

나헤라 → 그라뇽(31.2km)

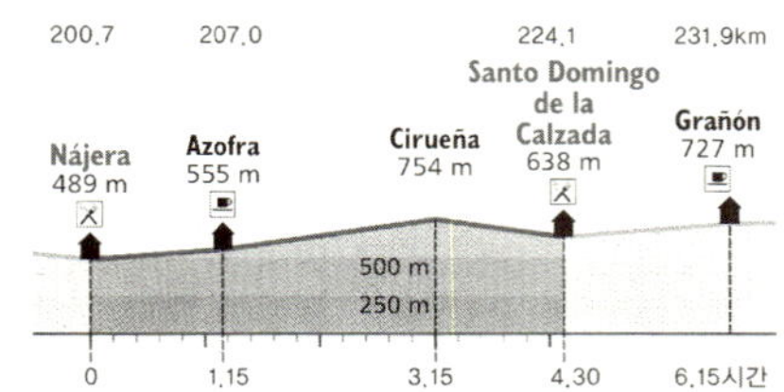

오늘은 모처럼 흐린 날씨에 출발하게 되었다. 이 알베르게는 순례자들이 충분히 휴식을 취하도록 아침에 6시 이전에는 일어나지 못하게 되어 있다. 우리도 5시 50분에 일어나 조심스럽게 준비하면서 6시 30분에 출발했다. 어제 31.2km를 걸었는데도 다행히 아내의 컨디션이 좋은 것 같다.

오늘도 어김없이 가도 가도 밀밭과 포도밭뿐이다. 간혹 밀밭 사이에 작은 배추가 심어져 있는 것이 보였다. 왠지 한국의 배추밭이 연상되어 신기하기도 하였다. 아조프라(Azofra)에서 커피와 빵, 그리고 사과로 아침을 대신하고 약간의 오르막을 10km 정도를 가다보니 키루에냐(Cirueña)에 도착했다. 높은 지역인데 골프장이 있었고 넓은 골프장에 한 팀이 운동하고 있는 모습이 보인다. 부부인 것 같다.

골프의 좋은 점은 자기 자신에게 정직해야 한다는 사실이다. 자기 자신이 감독이고 선수이기 때문에 나는 다른 운동보다 골프를 좋아한다. 골프 외에도 체력보강을 위해 등산을 자주 하는데 특히, 산행을 할 때, 새로운 아이디어가 떠오르고 그것을 정리하고 발전시킬 수 있는 기회를 가지곤 한다. 그래서 통계학 관련 서적을 집필할 때 많은 생각을 하고 정리한 곳이 모악산의 산행길이었다.

한참을 가다보니 산토 도밍고 데 라 칼사다(Santo Domingo de la Calzada)에 도착했다. 11세기에 수도사 도미니쿠스(성 도밍고)가 순례자들을 위해 돌 바닥길(칼사다)을 만든 것에서 마을의 이름이 유래됐다고 한다. 지금도 그 자취가 남아 있는 길을 걸어 마을에 들어서면 거리 중간쯤에 작은 광장이 나오는데 정면에는 12세기에 건축된 카테드랄이 서 있고 성당 내부에는 성 도밍고의 묘가 있다. 그 묘 앞에 있는 새장에는 한 쌍의 닭이 있는데 다음과 같은 전설이 전해지고 있다.

14세기에 한 독일 청년이 부모를 모시고 하녀와 함께 산티아고로 순례를 가는 길이었다. 이 젊고 잘생긴 청년에게 반한 하녀가 마음을 고백하고 유혹을 해 왔지만 청년은 냉담했고 그 유혹에 전혀 응하지 않았다. 분노와 수치심으로 제 정신을 잃은 하녀는 몰래 금잔을 훔쳐서 청년의 짐 속에 넣었고, 청년은 도둑으로 몰려 교수형을 당하게 된다. 절망과 좌절에 빠진 부모, 그러나 깊은 신앙심으로 슬픔을 이겨내고 그 와중에도 순례를 계속해서 마치게 된다. 그리고 돌아오는

성당 안의 살아있는 수탉과 관련된 순례길의 전설

길, 하나님께서는 이 부모의 신앙심을 보시고 교수대에 그대로 매달려 있는 아들을 다시 살아나게 하는 기적을 베풀게 된다. 교수대에 매달린 아들이 살아난 것을 보게 된 부모는 이 마을의 통치자에게 찾아가 기적을 얘기하고 교수대에서 아들을 내려 달라고 부탁을 한다. 그런데 이 통치자는 비웃으며 만일 당신의 아들이 살아 있다면, 이 식탁에 있는 요리한 이 두 마리의 수탉도 살아 있겠구나 하면서 그 닭을 먹으려고 하는데, 갑자기 이 수탉 두 마리가 날개를 퍼덕이면서 식탁에서 뛰어내린다. 결국 이 청년은 다시 교수대에서 내려오고 부모와 함께 고향으로 돌아가 열심히 신앙생활을 하며 행복하게 살았다는 전설이다. 그 이후부터 이 마을의 성당은 매달 수탉 두 마리를 새로운 닭으로 교체해 성당에 가두어두는 의식을 몇 백 년 동안 이어왔다. 이 수탉의 울음소리를 듣는 순례자는 산티아고로 가는 동안 행운이 같이 한다고 한다.

이러한 신앙과 관련된 설화들을 이곳에서 많이 접할 수 있다.

카테드랄(Cathedral)에서 아내와 약간의 의견 차이가 있었다. 아무것도 아닌데 괜히 신경이 쓰였다. 대성당이 입장료를 받기 때문에 그냥 가자고 했더니 그러면 여기에 뭐하러 왔냐고 한마디 한다. 그래서 들어가 보라고 했더니 싫다고 한다. 서로를 배려하지 못하고 내 생각만 한 것 같아 미안했다. 조금 뒤에 분위기를 바꾸기 위해서 다른 이야기를 하면서 힘들게 그라뇽에 도착했다.

이곳은 700년 된 성당의 다락방이 알베르게로 사용되고 있다. 뙤약볕에서 안에 들어가니 돌로 된 건물이라 아주 시원하고 기분이 오히려 상쾌하다.

3층에 있는 접수처에 각국의 언어로 간단한 이용규칙이 적혀 있었는데 한국어도 들어가 있었다. 숙소는 다락방에 매트리스를 다닥다닥 붙여서 자는 곳이다. 기부금을 내고 알베르게 숙소 도장은 바(Bar)에 가서 받으라고 한다. 새로운 경험을 할 것 같다.

이곳은 그 누구도 오는 대로 다 받아주고 성당 바닥에서라도 재워주고 모두에게 저녁과 아침을 제공하는 곳이란다.

성당에 묵으려고 하니 왠지 우리 부부가 다니는 교회와 담임목사님 생각이 났다. 부부가 다니는 교회는 전주갈릴리교회다. 개척한 양교철 목사님은 깔끔하고 매사가 분명하고 학구적이며 지적이다.

또한, 원칙이 분명하여 10년 후에 은퇴하시겠다고 약속한 말씀을 58세에 실행하고, 지금은 원로목사로서 신학대학원에서 강의를 하고 계신다.

현 담임목사님은 신솔문 목사님이다. 40대 젊은 목사님으로 언제나 빛바랜 가방을 들고 다니면서 바쁘게 움직이신다. 목사님을 보면 "나는 선한 목자입니다"라는 표현이 딱 들어맞는 분이다. 우리 교회의 비전을 볼 수 있다. 목표가 분명하고 실천력이 좋으신 목사님이다.

산티아고 순례 출발 전 주일에 우리 부부와 채수완 장로 부부 그리고 꼬맹이 둘과 같이 한옥마을에서 목사님 부부가 저녁을 사 주셨고, 머나먼 순례길을 격려해 주시면서 건강에 유의하도록 기도해 주셨다. 우리 교회가 이웃과 함께 하는 행복한 교회가 되도록 최선을 다하는 것만이 하나님을 기쁘게 하는 일이 될 것이다.

휴식을 취한 후 저녁 6시에 식당에 가보니 몇 사람이 음식을 준비하고 있다. 우리 부부도 오이를 깎고 자르고 토마토를 자르는 일을 거들었다. 나중에는 빠에야라는 음식을 만드는 일에 같이 했었는데 커다란 솥에 닭고기와 여러 가지 양념을 넣고 끓인 후 이곳에 쌀을 넣어 빠에야라는 음식을 만들었다. 성당에서 7시에 미사가 있다고 해서 참석했는데 참석자 30명 대부분이 노인들이었고 순례자도 20명 참석했다. 미사 진행 중간에 순례자들을 앞으로 나오게 하고서 영어, 프랑스어, 포르투갈어로 순례자를 위한 기도를 신부님이 하였고 모든 순서가 끝난 뒤에 모두 함께 식사하러 갔다. 30명이 식탁에 앉아 있는데 순례자들을 일어서라고 하면서 모두 손잡고 테이프에서 나오는 순례자를 위한 기도를 성악가가 노래하는 것으로 대신했다. 신부님이 자원 봉사자 부부를 소개하고 또한 인상 좋은 스페인 남자를 소개했는데 15일 동안 봉사한다고 했다. 그는 분위기맨이었다. 테이프에서 나오는 노래에 맞추어 춤을 추면서 분위기를 한층 더 부드럽게 해 주었다. 이곳 신부님은 프랑스인이며 1,700km나 순례를 했다고 말했다. 와인과 같이 만들었던 빠에야로 저녁을 먹었다. 나의 앞자리에 순례를 하는 신부님이 앉아 계셨고 조용히 말씀하시는 그와 나는 함께 와인을 마셨다. 성당의 다락방에서 일어나는 이 분위기를 어떻게 설명해야 할까? 정말 모처럼 많은 사람들과 어울려 즐겁게 식사를 하면서 인종에 관계없이 더불어 산다는 것이 이러한 것이구나 하는 생각이 들어 행복하다는 느낌으로 성당 다락방 방명록에 다음과 같이 기록했다.

> 아름다운 동행에 감사합니다. 모두 건강하게 무사히 순례길을 마치고, 원하는 것을 얻으며, 무사히 가족에게로 돌아갈 수 있기를 기원합니다. 우리는 행복합니다.

광활한 들판과 이름 모를 야생화들을 보고 있자면 왠지 고향의 향수에 젖게 된다.

Day 11 (7. 1)

친절한 고양이 엄마 정순씨

그라뇽 → 빌람비스티아(24.9km)

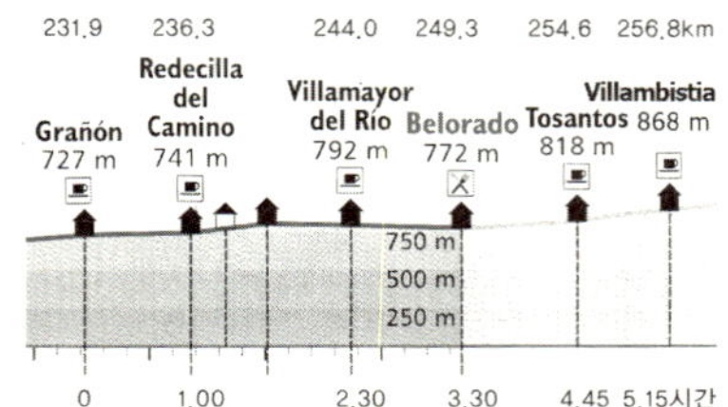

성당 알베르게의 규칙이 7시 전에 일어나지 말도록 되어 있었는데 이것은 무리한 순례를 하지 않도록 충분한 휴식을 취하게 하려는 순례자를 위한 배려인 것 같았다. 하지만 6시에 눈을 떠 보니 이미 많은 순례자들이 떠날 준비를 하고 있었다. 우리 부부도 준비를 마치고 6시 50분에 출발했다. 오늘은 다른 날에 비해 바람이 불지 않아 많이 더웠기 때문에 아내도 지쳐있는 것 같았다. 멀리 쳐다보면 주변의 포도밭과 밀밭, 그리고 채소밭이 넓게 펼쳐진 양탄자 같다. 끝이 없다.

이른 아침에 순례를 하면서 아내가 달팽이들이 길과 길 옆 풀에 붙어 있다고 자주 이야기한다. 달팽이들이 어떤 풀에는 붙어서 모두 갉아 먹은 나머지 가지는 없고 줄기만 남아 있는 경우도 있었다. 프랑스의 달팽이 요리가 세계 최고라는데 이것을 주어다가 요리를 하면 어떨까 하면서 웃는다.

마을들을 지나면 으레 고양이가 있었는데 이번 마을에는 유난히 몇 마리의 고양이가 한가하게 놀고 있었다. 귀엽다고 하는 아내의 말에 사진 한 장 찍고 돌아섰다. 나는 가끔 아내를 고양이 엄마라고 부르기 때문에 왠지 기념에 남을 사진이 될 것 같다. 한국에 있을 때, 아내는 산책을 하러 나가려면 꼭 식사 후에 남은 음식을 챙긴다. 동네 아파트에 사는 고양이들에게 음식을 주려 하는 것이다. 음식을 주고 산책한 후에 돌아와 보면 음식을 깨끗하게 먹어 치운다고 한다. 그래서 내가 붙여준 별명이 고양이 엄마다. 우리 집에 있는 딸기(요

마을에서 한가로이 휴식을 취하는 고양이 풍경은 이곳에서 결코 낯선 광경이 아니다.
귀여운 녀석들을 보고 있자니 집에 두고 온 딸기가 자꾸 생각난다.

크셔테리어)의 식성을 보면 잘못된 식습관 때문인지 혼자 있을 때는 잠만 자고, 아침에 준 음식도 그대로 남아있다. 그리고 우리 부부가 집에 오면 그때서야 먹기 시작한다. 먹을 때도 그냥 먹지를 않고 소파에 앉아있는 나를 거실 바닥에 앉도록 계속 짖다가 내가 바닥에 앉으면 그때서야 내 밑에 붙어 앉아 허벅지 아니면 배 위에 앉아서 먹이를 먹는다. 때론 엉덩이를 나의 얼굴 내지는 목에 대고 먹는다. 별난 놈이다. 습관이 잘못돼서 그런 것 같다. 고치고 싶어도 똑바로 나를 쳐다보면 안쓰럽다. 그래서 그냥 두고 있다. 그런데 그 녀석을 12일째 못보고 있으니 얼마나 보고 싶은지. 아들에 의하면 계속 현관에 있다가 이제는 아들에게 애교를 부리는 것 같다. 자기만 따라 다닌다고 한다. 딸기가 우리 부부를 잊어버린 것은 아니겠지?

11시 30분에 벨로라도(Belorado)광장에 도착하니 먼저 출발했던 스페인 순례자들이 광장에서 차를 마시면서 큰소리로 웃으면서 재미있게 이야기를 한다. 뭐가 그렇게 좋을까? 그곳에는 젊은 여자가 둘, 중년 부인이 둘, 남자가 셋이 있었다. 남녀가 같이 있으니 재미있을 수밖에 없지 않은가. 조금 뒤에 순례길에 만났던 신부님이 힘겹게 오고 있었고 그는 도착하자마자 문방구에 들어가서 수첩을 사들고 나왔다. 어제 그라농의 성당에서 혼자 앉아서 수첩에 많은 것을 기록하는 것을 보았었다.

우리 목적지까지는 6km가 남아 있다. 바람도 없고 무척 더웠다. 첫날 피레네산을 넘을 때처럼 덥다. 아내의 무릎은 괜찮은데 더위 때문에 지치는 것 같다. 순례란 이렇게 힘들게 가는 것일까. 우리보다 앞서간 슈잔은 어디쯤 가고 있는지 궁금했다. 항상 웃고 반겨준 며칠 동안의 기억이 아른거린다. 또 다른 사람은 프랑스인 엘리자벳 일행이다. 네 분이 항상 즐겁게 즐기면서 순례하는 모습이 아름다웠다.

첫날 만났던 이 군도 어떻게 순례를 하고 있는지 궁금하다. 중간에 한 프랑스인이 한국 젊은이를 봤다고 하던데 젊은이가 가는 순례속

푸른 하늘과 맞닿은 녹색대지, 그리고 그 가운데를 잇는 하얀 순례길 위의 수도사

도라면 우리보다 많이 앞서 갈 것이다. 서글서글한 장 사장은 주어진 일정으로 간다고 하니깐 중간에 만날 수 있겠다. 이 양은 우리가 하루를 먼저 앞서 가기 때문에 우리 부부가 쉬지 않으면 만날 수 없을 것 같다. 이와 같이 순례는 오늘 만난 사람과 내일 만난 사람이 교차되면서 더욱더 반갑기도 하고 보고 싶어지는가 보다. 모두가 아쉽다.

빌람비스티아(Villambistia) 목적지에 도착한 후 알베르게에 들어오니 알베르게 주인인 젊은이가 맘에 들었다. 씩씩하고 반갑게 맞이해주었고 친절하기도 했다. 오늘 만난 사람은 어제 그라뇽 성당 알베르게에서 만났던 뚱뚱하고 콧수염이 난 스페인 남자, 여성 두 사람, 그리고 며칠 전 에스테야 알베르게에서 만난 영국인 폴이다. 모두들 바(Bar)에서 맥주를 먹고 있어서 인사를 했다. 다음 마을까지 가는데 맥주 한 잔 하려고 들어왔단다. 우리 부부를 기억했다. 우리가 한국에서 왔다고 했더니 올림픽에서 배드민턴을 잘했다고 흉내를 내준다. 자기는 영국의 맨체스터에서 왔다고 하길래 축구선수 박지성을 아느냐고 물어 봤더니 잘 모른다고 했다. 자기는 리버풀 팬이라고 한다. 맥주를 다 마시고 난 뒤, 인사를 나누고 다음 마을로 출발했다.

조금 뒤에 방에 와보니 순례길에 힘들게 걸어오던 할머니가 쉬고 있다. 호주에서 왔다고 하면서 너무 덥다고 한다. 나이가 64세라 한다. 일정은 모르겠다고 한다. 쉬엄쉬엄 가겠다고 한다. 우리 부부와 같이 프랑스 생장에서 출발했다고 한다. 제인 할머니는 어깨에 코알라 문신을 하셔서 코알라 할머니라고 불렀다. 내 아내도 10년 후에 이렇게 걸을 수 있을까? 용기, 체력, 믿음 이 모든 것이 갖추어져야만 할 수 있는 순례길이다. 건강하게 순례를 마치기를 기원해본다.

저녁식사 시간이 되어 순례자들이 함께 식사를 하였다. 스페인 여자 2명, 남자 2명, 호주 제인 할머니, 우리 부부, 모두 7명이다. 음식은 점심에 먹었던 샐러드와 소고기를 넣은 빠에야이다. 샐러드에서 사고가 났다. 아내 샐러드에서 새끼 달팽이가 기어가고 있는 것 아닌가? 놀랐다. 하지만 스페인 친구들은 그다지 놀라운 표정이 아니고 종이에 싸서 버린다. 채소가 유기농이어서 그런가보다고 했다. 아내의 말이 순례를 하면서 달팽이 이야기를 많이 해서 식탁에까지 올라오지 않았나 싶다고 했다. 다른 곳이면 주인에게 항의도 하고 문제를 제기하겠지만….

제인 할머니는 아직도 귀여운 소녀 같은 표정을 많이 짓는다. 몸짓, 말씨 하나하나가 귀엽다. 각각의 나라의 말로 건배를 하자고 했다. 먼저 우리나라 말로 건배를 하고 와인 한 모금을 마셨다. 그런 다음은 스페인, 호주의 순으로 했다. 제인 할머니가 건배를 할 때는 서로 눈을 보면서 하는 것이라고 훈수를 둔다. 우유에 파인애플을 넣은 후식을 먹으면서 하루를 마감했다.

아차! 잠자리에 들어가기 전에 마을을 산책하는데 아내와 같이 계속 궁금했던 꽃의 이름을 제인 할머니에게 물어 봤더니 포피(Poppy)라고 했다. 흡사 양귀비 같이 생긴 꽃인데 흔하게 밀밭이든 길가든 아무데나 곱게 피어있다. 야생 양귀비이다.

아직도 해가 지지 않아 알베르게 앞에서 쉬면서 과자를 먹고 있는데 갑자기 비둘기가 무섭게 달려든다. 알베르게 주인이 움직이면 달려드니 그대로 있으라고 했다. 알베르게 주인이 비둘기를 쫓아낸 뒤에 방으로 왔다. 별나고 무서운 비둘기이다.

★알베르게 이야기

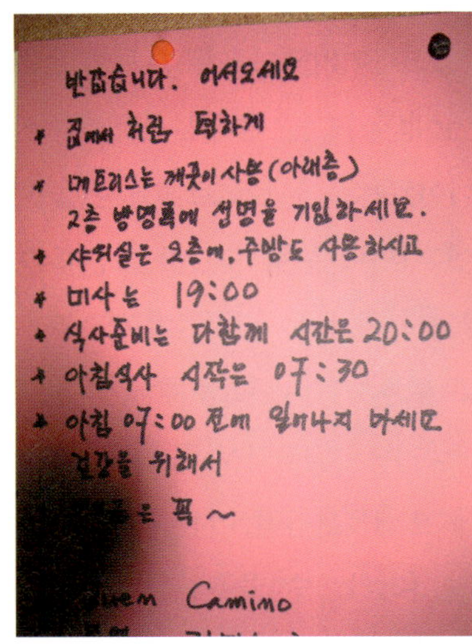

언제 어디서나 신발은 가지런하게!

알베르게에도 한글은 있다.
알베르게 규칙들을 또박또박 써 놓은 것이 매우 인상적이다.

알베르게에서 식사 준비는 모두가 함께, 그리고 즐겁게~ 부엔 까미노!

Day 12 (7. 2)

내가 왜 걷고 있는가

빌람비스티아 → 아타푸에르카(24.7km)

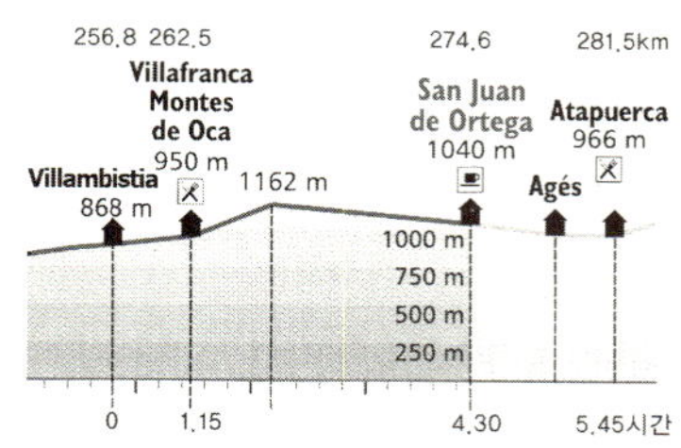

숙박했던 빌람비스티아(Villambistia)에는 슈퍼마켓이나 간단한 식료품점이 없어 물만 마시고 출발해야 했다. 많은 은혜가 우리에게 함께하기를 기원했다.

마을 어구를 빠져나와 들길에 들어서니 마을 쪽에서 해가 솟아오른다. 붉은 기운이 온 대지를 감싸고 있는 것 같았다. 그 풍경을 놓치고 싶지 않아 사진을 찍으려는 순간 아내에게 큰소리가 나왔다. 뭐하러 그다지 좋지 않은 풍경을 찍느냐는 말에 성질이 급한 내가 참아야 하는데 큰소리를 낸 것이다. 아차하면서도 아내가 짜증났다. 그냥 놔두면 안 될까. 하지만 분위기는 바꿔야 했다. 아내도 미안했는지 숲길이어서 고사리가 피어있다고 한다. 그냥 화를 풀어야 한다. 나 역시 아내의 말에 맞장구를 쳐주며 모처럼 산다운 산을 걸으면서 순례를 하고 있었다. 울창하고 가지런한 소나무 숲이 4km나 이어져 있었고 아침부터 경치 좋고 맑은 공기 속에서 삼림욕을 하는 느낌으로 길을 걸었다.

빌라프랑카(Villafranca)에서 차 한 잔에 크로와상, 주스로 아침 식사를 하는데 어제 같이 식사를 했던 스페인 여성 2명이 바(Bar)에 들어왔다. 이들은 부르고스에서 레온까지 181km의 순례를 한다고 한다. 그녀들은 매년 휴가기간 동안 일정 거리씩을 나눠 걸으며 산티아고까지 가겠다고 했다. 유럽지역에 있는 사람들은 이와 같이 부분적으로 순례를 완주하는 경우가 많다고 한다.

이후에는 한참을 걸어도 누구하나 만나지 못했다. 걷는 속도에 따라 숙소가 달라져서 그럴 것이다. 가끔 아무 말 없이 홀로 걷다 보면 나 스스로가 이상해지는 기분이 든다. 13일째가 되는 오늘은 몸이 무척 피곤하다. 길에 심취해서 걷다보면 잡념이 들 수가 없다. 그 어떤 것도 내 머릿속에 기억되지 않는다. 다리의 통증을 견디면서 걷는데 그 어떤 생각들이 내 의식을 지배할 수 있으랴. 이러한 통증을 느껴가면서까지 나는 왜 이 길을 걷고 있는가.

나의 머리가 단순한 것 같으면서도 복잡해진다. 자신이 처한 상황을 운명으로 받아들이면서 새로운 삶에 대한 도전을 하기 위하여 이 순례 길에 왔는데, 정리가 안 된다. 커다란 화선지에 큰 그림을 그리려고 생각했다. 하지만 어디부터 시작을 해야 하는지를 모르겠다. 처음부터 중간에서, 중심에서 아니면 제일 밑에서 그림을 그릴 수 없다. 뭔가 이루어질 것 같은 생각만 있지 구체화가 되지 않는다. 걷는 이유를? 걸을 때는 자기 삶을 돌아보고 여유를 갖고 자기와의 만남을 통해서 미래의 삶을 생각하게 하는 시간을 함께 할 수 있어서 걷는 것은 아닌지? 이런 저런 생각을 하면서 가는데 스위스의 바우더 아저씨가 우리와 합류했다. 그는 변호사이며 64세라 한다. 어제 만난 호주의 제인 할머니와 같은 나이이다. 육체적인 나이가 중요한 것은 아니지만 60대의 남녀가 이 고단한 순례길에서 무슨 생각을 하고 싶었던 걸까. 그들은 지금까지 살아온 삶을 되돌아보며 앞으로의 삶을 정리하고 싶어서 이 순례 길에 왔다고 한다. 공통점은 두 사람 모두 평안해 보인다는 점이다. 깊은 사연이야 모르지만 얼굴에 드러나는 표정만큼은 사랑스럽고 조용하고 순박해 보이는 모습이다. 나도 몇 년 뒤에 이러한 사람들의 심성을 갖게 될까.

어제 저녁에 스페인 친구들 말이 오늘 가는 길은 굉장히 경사가 심하고 어려운 길이 될 거라고 하여 긴장하고 걸었는데 다행히도 그들의 허풍이 지나쳤던 것 같다. 해발 1,100m 정도까지 올라야 해서 높다고는 하지만 아침에 우리가 올라온 길이 해발 860m 정도였기에 그런 점을 감안하면 그다지 힘들지는 않았다. 바우더 씨와 서로 말이 잘 통하지는 않았지만 서로의 생각들을 조금씩 교환하면서 즐겁게 길을 걸었다. 아내 역시 모처럼 나 이외의 사람과 만나 이야기를 하다 보니 탄력을 받은 것 같았다. 잘도 걷는다.

송림을 지나고 조금 있다가 나타나는 마을이 산 후안 데 오르테가(San Juan de Ortega)인데 산토 도밍고 데 라 칼사다 마을처럼 이곳도 한 성실한 수도사에 의해서 조성된 마을이다. 산토 도밍고의 제자였던 산 후안은 그의 스승처럼 평생의 삶을 순례자들을 위해 바쳤다고 한다. 그는 산티아고로 향하는 다리를 놓고, 길을 가꾸고, 교회와 숙박지를 지었는데 마을에 남아있는 '산 후안 데 오르테가 교회'가 바로 12세기에 산 후안이 직접 지은 교회라고 한다. 또한 산 후안은 스페인의 '삼신 할매'로 유명한데 산 후안의 무덤이 공개되었을 때 하얀 벌떼가 날아오르고 관 주변에 아름다운 향기가 감돌아 사람들은 그 하얀 벌떼가 아직 태어나지 않은 아이들의 영혼이라고 믿었다. 오랫동안 아이가 없던 카스티야 왕국의 이사벨 여왕이 이 이야기를 듣고 산 후안의 무덤에 찾아와 왕국의 후계자를 내려달라고 간절히 기도를 하고 아들을 낳았다. 여왕은 아이 이름을 후안이라고 지었는데 얼마 살지 못하고 말았는데 여왕은 다시 이곳을 찾아와 한 번 더 기적을 바라면서 기도를 했고, 이번에는 딸을 낳아 후아나라고 이름을 지었다고 한다. 감사한 마음에 여왕은 산 후안 무덤 주변에 거대한 캐노피(왕좌나 침대 등의 윗부분을 가리는 것)를 만들어 주었고 석고로 만들어진 산 후안의 무덤에는 아직도 벌떼 신화를 비롯한 그의 일생이 그려져 있다.

오르테가 마을은 교회와 무덤을 제외하면 정말 볼 것이 아무것도 없는 작은 마을이다. 교회와 알베르게 옆에 작지만 아주 깨끗한 바(Bar) 레스토랑이 하나 있을 뿐이다. 그래도 작은 마을에서 느껴지는 전원의 풋풋함, 삶의 여유로움이 느껴져 휴식하기에 더없이 좋은 장소이다. 여기에서 잠시 휴식을 하고 교회를 배경으로 사진 한 장을 찍은 뒤에 아타푸에르카(Atapuerca)마을의 알베르게에서 바우더 씨와 다시 만나기로 하고 헤어졌다.

순례길은 이렇게 만났다가 헤어지고 헤어졌다 다시 만나는, 만남과 헤어짐의 연속이다. 마을에 도착하여 알베르게를 정하고 들어가는데 이틀 전 그라뇽 성당에서 만났던 신부님이 우리를 반갑게 맞이해준다. 또 이렇게 만나는 것이다. 분위기가 있는 레스토랑을 보니 영어로 주문을 받는다고 광고하고 있다. 모처럼 스테이크를 주문해서 약간 품위 있는 식사를 했다. 식사를 하고 막 알베르게에 들어서는 순간 성당 다락방에서 만났던 스페인 부부가 들어오려고 하고 있다. 아내가 이곳 알베르게가 좋다고 했더니 우리를 믿고 들어왔다. 또 이렇게 재회를 한다. 이 마을은 해발 966m 정도가 돼서 그런지 바람이 많아서 좋다. 알베르게 정원에서 이 글을 쓰고 있자니 한기가 느껴진다. 햇볕이 나는데도 말이다. 그러고 보니 이곳은 정말 상쾌하기 그지없는 청정지역이었고 넓은 평원에 자리 잡은 마을이다. 마을 주위는 전부 밀밭으로 에워싸여져 있다.

또한 이 마을 주위에는 선사시대 유적지가 있었는데 길 건너편에 선사시대 문화원이란 곳이 있어 방문해 보았다. 선사시대 문화원은 이 마을 부근 언덕에서 19세기에 발견되었던 유적을 1970년대 중반에 본격적으로 발굴한 결과 80만년 된 사람의 뼈 등이, 지금까지 발굴된 어떤 선사시대 유적보다도 잘 보존되었다는 사실이 밝혀져 유네스코의 세계 3대 선사시대 유적지로 지정되었다고 한다. 그러나 실제 발굴된 유물은 부르고스 박물관에 있으며, 이곳에는 없다고 해서 조금은 아쉬웠다. 그럼에도 이곳은 지금 관광지로서 유명세를 타, 매일 많은 사람들이 오고 있다고 한다.

이곳 알베르게 게시판에 붙어 있는 순례자의 기도를 보면, 내 안에 있는 하나님의 사랑을 더욱더 간절하게 나타낸다.

The Pilgrim Prayer

Guardian of my soul
guide me on my way this day
keep me safe from harm
Deepen my relationship with you
your earth, and all your family
strengthen your love within me
that I may be a presence of
your peace in our world
Amen

순례자의 기도

내 영혼의 수호자시여
오늘 내가 가는 길을 인도해 주소서
어려움으로부터 저를 안전하게 지켜주시고
당신과, 당신의 대지, 그리고
모든 당신의 가족들과의 관계를
더욱 더 심오하게 하옵소서
내 안에 있는 당신의 사랑을
더욱 더 강하게 하옵소서
이 세상에 당신의 평화가 나타날 수 있도록
-아멘-

Day 13 (7. 3)

길 위에서 길을 찾다

아타푸에르카 → 부르고스(21km)

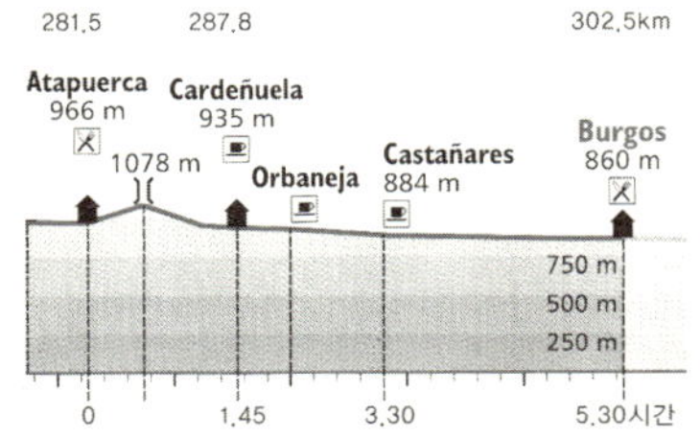

고산지대라서 그런지 오늘은 유난히 추워 아내와 나는 바람막이를 입고 6시 20분에 출발했다. 가도 가도 끝이 없는 길. 약간의 오르막이지만 숲이 있어 좋은 길. 모처럼 목장에 양이 많이 있는 광경을 볼 수 있었다. 여명 속 정상에 오르니 언덕 위에 우뚝 서 있는 나무 십자가는 지는 달과 어우러져 멋진 모습을 연출하고 있었다. 예수님께서 지셨을 때는 고통의 십자가였지만 우리에게는 은혜로 죄를 사하시고 생명으로 이끈 십자가, 언제나 감사와 사랑으로 바라보는 십자가다.

하나님과 나를 이어주는 십자가야말로 방황하는 나를 붙잡아주는 삶의 이정표다.

십자가를 바라보면서

하나님, 저의 상처를 어떻게 다루어야 할까요?

라는 묵상기도를 한다. 다른 사람들의 기만적인 행동에 대한 책임이 나에게 없다는 것을 깨달았다. 말과 행동이 다른 사람들에 대해서도 내가 책임질 부분은 없다. 다른 사람들을 내 마음대로 조정할 수도, 그들을 판단할 권리도 없다. 하지만 다른 사람들을 대하는 나의 태도에 대해서는 하나님 앞에서 책임을 져야 한다. 비록 나에게 상처를 준 사람들이라도 책임을 져야 한다. 이런 저런 생각들을 하자니 마음이 편해진다. 그래서 원한을 품지 않기로 했다. 상처를 내려놓는다는 것이 쉽지는 않지만 불가능한 일은 아니다. 하나님께는 모든 일이 가능하기 때문이다.

사랑의 하나님, 우리가 서로에게 친절을 베풀도록 하시고 우리를 실망시킨 이웃을 용서하소서. 예수님의 이름으로 기도합니다. -아멘

새벽의 신선한 공기와 아름다운 경치를 바라보고 있노라면 축복받는 느낌이다. 사람들은 나에게 왜 걷느냐고 질문한다. 그 답은 길(Road)에 있다고 생각한다. 오랜 시간 내 자신에게 집중할 수 있으며, 나와 내가 대화를 하며 주위의 모든 세계와 공감할 수 있는 공간을 가질 수가 있기 때문일 것이다. 길을 생각하면 우리의 인생살이와 같이 느껴진다. 부드러운 황토길, 모래길, 자갈길, 진흙길, 사막길, 숲길, 들길, 곧은 길, 굽은 길, 오르막 길, 내리막 길, 좁은 길, 넓은 길, 아스팔트 길, 비가 오는 빗길 등 한이 없다. 이처럼 길은 여러 가지 모습을 하고 있고 우리 인생도 마찬가지가 아닌가. '길은 곧 인생'이라는 비유가 나에게 절실하게 느껴진다.

로버트 프로스트가 '가지 않는 길'에서 '길은 곧 인생'이라는 의미를 알려준 것은 아닐런지 모르겠다.

노란 숲 속에 길이 두 갈래로 났었습니다.
나는 두 길을 다 가지 못하는 것을 안타깝게 생각하면서,
오랫동안 서서 한 길이 굽어 꺾여 내려간 데까지
바라다볼 수 있는 데까지 멀리 바라다보았습니다.

그리고, 똑같이 아름다운 다른 길을 택했습니다.
그 길에는 풀이 더 있고 사람이 걸은 자취가 적어,
아마 더 걸어야 될 길이라고 나는 생각했었던 게지요.
그 길을 걸으므로, 그 길도 거의 같아질 것이지만.

그 날 아침 두 길에는
낙엽을 밟은 자취는 없었습니다.
아, 나는 다음 날을 위하여 한 길은 남겨 두었습니다.
길은 길에 연하여 끝없으므로
내가 다시 돌아올 것을 의심하면서….

훗날에 훗날에 나는 어디선가
한숨을 쉬며 이야기할 것입니다.
숲 속에 두 갈래 길이 있었다고,
나는 사람이 적게 간 길을 택하였다고,

그리고 그것 때문에 모든 것이 달라졌다고.

주위가 소란하고 자동차가 질주하는 걸 보니 부르고스(Burgos)에 거의 도착한 것 같았다. 큰 도시인 부르고스의 중심부로 들어서기 위해 거쳐야 하는 외곽지대가 너무나 길어 피곤하고 지치는 것 같다.

도심에 들어와서 먼저 카데드랄을 찾아갔다. 그곳은 1221년에 착공해 프랑스와 독일의 고딕양식의 영향을 받아 16세기에 완성된 대성당으로 유네스코 지정 세계문화 유산 목록에 올라 있다. 성당에 들어갈 때 3유로의 입장료(순례자는 1유로)를 내야 한다. 지난 번 산토 도밍고 성당 사건도 있고 해서 돈을 내고 성당에 들어가는 이 현실을 어떻게 이해할까. 이 성당은 어느 쪽에서 보아도 전체 윤곽이 눈에 다 들어오지 않는 거대한 규모도 인상적이지만, 성당내부의 조각과 구조도 감탄을 자아낸다. 정말 아름다운 성당이다. 특이한 것은 대성당 안에 영화에서나 봤던 엘시드와 그의 아내 히메나의 묘가 있는 것이다. 지금은 전설이 되다시피 한 엘시드에 대해, 역시 이들은 대 영웅으로 생각하는 것 같다.

부르고스는 마드리드 북쪽 약 210km, 아틀란손강 유역의 해발고도 800m에 위치하여 천연요새를 이루고 있는 곳이다. 884년 아스투리아스 왕국의 동쪽 전초적 기지로서 건설되었으며, 1035년 카스티야 왕국의 수도가 되었다. 그 후 상업 중심지로 번성하였으나, 1560년 마드리드로 수도를 옮기고 나서부터는 잠시 쇠퇴, 18세기가 되어서 다시 발전을 하였다. 1936년 스페인 내란에서는 프랑코 총통의 본거지가 된 곳이며, 11세기 초 이슬람을 상대로 활약한 스페인 사람들의 자랑인 전설의 영웅 엘시드 장군의 출생지이고 활동한 장소로 유명한 곳이기도 하다.

대성당 옆의 산타마리아 문(Arco de Santa Maria)을 통과하여 아틀란손강을 끼고 강변의 플라타너스 길을 따라 알베르게가 있는 부르고스 대학 내의 숙소에 갔다. 뜨겁던 햇살이 꺾여 바람이 불어오는 늦은 오후 거리에는 장이 서고 사람들이 쏟아져 나온다. 오면서 재미있고 인사성이 좋은 스페인 남자를 만났는데 그는 반가워하며 큰 소리로 소리 지른다. 이 친구는 언제나 여자들과 잘 어울려 다닌다. 입구에서는 이틀 전에 헤어졌던 스페인 여성을 만났는데 그녀는 시내 구경을 간다고 했다. 먼저 온 스페인 독수리 삼형제도 있다. 그들은 저녁 7시에 광장에서 축제가 있다고 하며 함께 가자고 했다.

부르고스에 들어와 제일 먼저 찾은 카데드랄. 그 웅장함에 압도되어 보는 이들로 하여금 저절로 탄성을 자아내게 한다. 현재 세계문화유산에 등재되어 있는 유명한 건축물이다.

오후 6시경에 힘들어 하는 호주의 제인 할머니가 도착하자 아내가 가서 포옹을 해준다. 하루를 못봤다가 다시 만나는 터라 먼저 온 아내는 여러 가지 시설들을 제인 할머니에게 설명해 준다. 소녀처럼 귀엽고 재미있는 몸짓으로 말이다. 나이가 나보다 6살 많은 할머니에게… 나는 그녀가 너무 사랑스러웠다.

접수처의 방명록을 보니 한국인이 다녀갔음을 알 수 있었다. 그 중에 두 분의 글이 인상적이어서 여기에 옮겨본다.

길이 주는 의미에 연연하다 보니 또 맨손으로 돌아가겠다는 느낌이 앞섭니다. 길의 의미가 아무런 의미가 없다는 것을 왜 길 위에 서면 잊혀지는지. 내일은 길에 서서 그냥 걸을 생각입니다. 내 길이든 아니든 이왕에 이 길로 왔으니 모든 의미가 없게 되기를 기다리며. (부산 하준)

최근에 다녀간 신승애 님은 성경말씀(잠언 8:17)을 인용하여 함축적으로 표현하였다.

나를 사랑하는 자들이 나의 사랑을 입으며 나를 간절히 찾는 자가 나를 만날 것이다. (2008.05.08)

휴식을 취한 후에 다시 부르고스 광장으로 가는 늦은 시간, 스위스의 바우더 씨가 온다. 반갑게 인사하면서 서로 안부를 묻는다. 그는 이미 시내 구경을 다하고 들어오는 모양이다. 우리 부부는 시내에 다시 가서 엘시드 동상 앞에서 사진을 찍고 광장에서 덤블링 공연하는 것을 보았다. 많은 어린이들이 광장에서 놀고 있으며 할아버지 할머니들이 늦은 시간까지 같이 즐기는 모양이 아름답게 보였다.

알베르게에 도착하자 제인 할머니께서 체리를 주시면서 많이 먹으란다. 자기는 이것이 오늘의 저녁이란다. 참 고마운 할머니다. 우리가 조금씩 먹고 있으니 나머지를 앞 의자의 사람들에게 주고는 주무시려고 들어가신다. 옆의 잔디밭에 인사성이 좋은 스페인 젊은 친구는 여자들과 와인을 마시면서 무엇이 그렇게 재미있는지 큰소리로 웃고 있었다. 항상 호감을 주는 밝은 미소를 짓곤 했다.

한참 후에 알베르게 안에 들어와 자려고 했으나 침상의 위치가 출입문 옆에 있어서 소란스러워 도저히 잠을 이룰 수가 없었다. 늦게 온 다섯 명의 자전거 순례자들은 내일 일정에 대한 이야기를 나누고 있었는데 어찌나 큰소리로 떠들어대던지 내가 기침소리를 내면서 시끄럽다는 표시를 하는데도 계속 재잘거린다. 할 수 없이 그들에게 조용하라고 이야기를 했더니 그때서야 조용히 한다. 한숨만 나온다.

Day 14 (7. 4)

빵바구니 마을에 들어서다

부르고스 → 온타나스(30.3km)

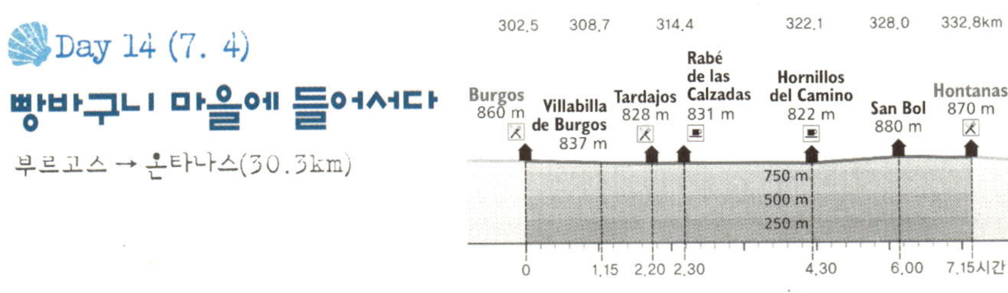

밤새 잠을 설친 감이 없잖아 있었지만 그래도 상쾌한 아침이다. 먼 동녘에서 아침 해가 서서히 나타나기 시작했고, 앞으로 보이는 풍경은 가히 수채화 같다.

왼쪽에는 신작로 변에 미루나무가 줄지어 서있고 그 옆에는 기차가 지나가고 있다. 우리가 걷고 있는 길 오른쪽에는 누렇게 익은 밀밭이 우리를 반기는 듯 바람에 실려 인사를 하고 뒤에서는 어제 알베르게에서 같이 숙박했던 자전거 부대 다섯 명이 소리를 지르면서

초록 대지와 황금빛 밀밭이 풍성한 조화를 이루고 있다.
풍요로움이란 것은 물질에 있어서나 마음에 있어서나 축복이자 선물이다.

Buen Camino

라고 외친다. 어젯밤 밤새 나를 잠 못 이루게 괴롭히던 사나이들이다. 하지만 그들이 그렇게 늦은 시간까지 떠들어댔던 것도 그들 나름의 열정과 젊음이 있어 가능했기에 충분히 이해할 수 있어서 나도

Buen Camino

라고 화답했다.

이렇듯 순례자들은 가고 오고 그리고 또 오고 간다. 산티아고 가는 길은 곳곳에서 흘러 들어오고 나가는 작은 물줄기를 품어 안은 큰 강물같다. 생장피드포르에서, 혹은 팜플로나나 부르고스에서 순례자들은 길을 떠나기도 하고 출발하기도 하면서 길 위를 강물이 흐르듯 걷고 있는 것이다. 길에서 길을 걷는 것이다.

'길'의 공간성은 언제나 지향해야 할 목적지가 있음을 뜻하는데, '길'은 바로 목적지로 향해 가는 과정이며, 목적지에 도달하기 위한 시련의 극복이라는 정신세계를 상징한다. 따라서 '길'은 자아 성찰과 수련을 통해 본질적 순수 자아를 회복하는 과정이라는 상징적 의미를 함축한다.

> 풀 한 포기 없는 이 길을 걷는 것은
> 담 저쪽에 내가 남아 있는 까닭이고
> 내가 사는 것은, 다만,
> 잃은 것을 찾는 까닭입니다.
>
> –윤동주의 「길」 중에서

윤동주 시인은 '길'에서 잃어버린 자아를 되찾고자 하는 의지를 차분히 고백하고 있다.

8시경 타르다호스(Tardajos)에서 어제 샀던 요구르트, 사과와 함께 바(Bar)에서 산 커피와 빵으로 아침을 했다. 많은 순례자들이 서로 인사를 하면서 식사를 한다. 지금 내가 걷는 곳은 카스티야 이 레온(Castilla y León)이라는 지방인데 밀밭이 끝없이 펼쳐진 곳이라 메세타(Meseta)라고 부른다.

메세타란 이곳에서부터 아스토르가(Astorga)까지 230km의 고원 평지(완만한 구릉)로 스페인 북부의 '빵 바구니'라는 별명을 얻을 정도로 눈에 보이는 것은 온통 밀밭뿐이다. 지금까지 본 마을은 대부분 성당을 중심으로 마을이 언덕위에 형성되어 멀리서부터 볼 수 있었으나 메세타 지역에서는 지평선 외에 아무것도 보이지 않다가 지형적 특성 때문에 벌판 속의 분지 안에서 불쑥 마을이 나타나곤 했다.

이화옥 장로에게 문자를 보내자 잠시 후

끝도 없는 들판과 누렇게 익은 밀밭길을 걷고 있어요. 8월 문화의 날을 기대합니다.

많은 사람들이 꿈꾸는 바로 그 길을 걷고 계시지요. 하나님께서 장로님 부부를 한없이 사랑하심을 보여 주시는 것 같습니다.

라고 답장이 왔다. 참 신기한 일이다. 지구를 반 바퀴 돌아 서로가 떨어져 있지만 자그마한 기계 하나를 이용해서 서로의 마음을 나눌 수 있다니 말이다. 우리 다음 세대는 또 어떻게 발전할까. 우리가 사는 세상이 이렇다. 세상은 이토록 발전해 가고 있는데 나는 무식하게(?) 걷고 있다. 자전거 타고, 말을 타고, 택시를 타고, 버스를 타고 갈 수 있는 길을 말이다. 길의 의미를 가장 가깝게 느끼는 것이 바로 걷는 것이라 생각되지만 다리도 아프고 새끼발가락, 검지발가락이 아픈 것은 시대가 바뀌어도 어쩔 도리가 없을 것이다. 다음 알베르게에 가서 신발을 벗으면 좋아질 것을 생각하면서 걷는다.

메세타 지역을 6시간이나 걷다 보니 짜증도 나고 무척이나 힘이 든다. 나무 그늘 하나 없이 엄청나게 넓은 지역을 지팡이 하나 의지하면서 계속 걸을 뿐이다. 조금가면 마을이겠지 스스로를 위로하면서 힘을 내서 열심히 걸어 보지만 돌무덤들이 밀밭 경계표시를 나타내는 것 뿐 인적을 찾을 수가 없다. 아내도 무척이나 피곤해 보인다. 역시 32km를 걷는다는 것은 무리이다. 하지만 중간에 쉴 수 있는 곳이 없어 하는 수 없이 풀밭에 앉아 사과와 요구르트를 먹으면서 힘을 내자고 파이팅 한 뒤 다시 걷는다. 우리는 생명이 있는 한 살고 있는 것이다. 이 길은 생명이 있다. 길이 있고 그 위에 사람이 걷는 것이다. 같이 공유하면서 말이다.

우리는 겨우 알베르게 광고판을 보았다. 이제 500m 전이다. 얼마나 감사한가. 정말 감사하고 감사하다. 알베르게에 도착하여 스페인 독수리 삼형제를 만났다. 그들은 나보고 아래에 있는 알베르게로 가라고 손짓을 한다. 하지만 나는 이곳 알베르게에서 가격은 약간 비싸지만 자겠다고 했다. 모처럼 이곳에는 더블베드가 있기 때문이다. 다른 사람에게 코고는 민폐를 끼치고 싶지 않다. 또한 디카, 핸드폰 등 모든 것을 정리하고픈 마음이 들었기 때문이다.

알베르게 밖으로 나와 보니 많은 이들이 인사를 하고 서로의 이야기들을 하고 있다. 또한 어떤 이들은 나와 같이 글을 쓰고 있다. 일기를 쓰든지 아니면 기록을 남기고 싶어서 글을 쓰고 있다고 생각된다.

그라뇽 저녁 식사 때부터 같이 했던 폴란드 부부와 딸이 한가로이 자료를 보면서 이야기하고 있고 아타푸에르카(Atapuerca)에서 이메일을 주고받고자 했던 콧수염 아저씨도 와서 반갑게 인사하면서 "good" 한다. 하루건너 만났다. 스페인 미인들은 뒤로 처진 것 같다. 그리고 스위스 바우더 아저씨도 7월 25일 산티아고 축제일에 맞추어서 계속 가고 있는 것 같다. 이날에 산티아고에 들어가고 싶다고 했다.

며칠 전에 만났던 모녀가 궁금하다. 하루에 30km씩 가서 산티아고에 입성한다고 했는데 어느 알베르게 방명록에도 기록이 없다. 하여간 "Buen Camino"다. 그리고 힘차게 따라올 이주영 양도 어디쯤 오고 있는지. 하염없이 가고 있을 이장형 군, 건강하게 가길 기원한다. 오늘 걸은 거리가 30.3km. 다리가 무척 피곤하다.

Day 15 (7. 5)

사랑이란

온타나스 → 보아디아 델 카미노(31.3km)

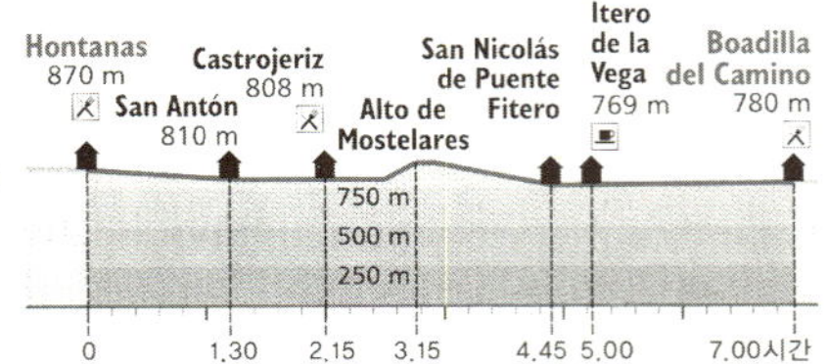

편히 쉬고 알베르게를 나오는데 오리숑 알베르게에서 만났던 할아버지, 할머니, 손녀, 손자가 아침 식사를 하고 있다. 나이가 70세가 된 노부부가 손녀와 손자를 데리고 이곳까지 왔다. 노부부는 무슨 생각으로 이 길을 걸을까. 그리고 어린 손녀와 손자(대략 초등학교 1·3학년 정도)는 또한 무슨 생각을 할까. 부모님이 가라고 하고 할아버지가 가자고 하니까 따라 왔을까. 내가 10년 뒤에 손녀와 손자를 데리고 이 순례길을 걸을 수 있을까. 너무 욕심을 내는 것일까. 하지만 같이 한다는 것이 더욱 더 즐거움을 줄 것 같다.

함께 하는 것처럼 좋은 것은 없을 것 같다. 서로 이야기하고 서로 공감하고 그리고 함께 호흡하는 것이다. 같이 살고 있다는 것을 느끼고 사는 것이다.

마을 어귀를 나오는데 아직까지 보지 못했던 한국에서의 논두렁길 같은 작은 길이 나와 그 길을 따라 걷고 있다. 어디선가 토끼 한 마리가 나와 우리를 반긴다. 예쁜 놈이었다. 나는 반가워서 부르는데 이놈은 도망간다. 폴짝폴짝 뛰어가는 모습이 정말 귀여웠다.

조금 더 걷다 보니 원래의 신작로 길이 나왔다. 산 안톤(San Antón) 마을 입구에서 부서진 교회 건물을 사진 찍고 또 걸었다. 40분 정도 가다보니 성 야고보가 사과나무에서 성모 마리아 모습을 보았다는 마을인 카스트로헤리스(Castrojeriz)가 보인다. 성당 앞에서 아침 식사를 하고 기념사진을 찍었다. 옆에서 스페인 장다리 세 자매가 우리를

산 안톤 마을 입구에서 찾아볼 수 있었던 부서진 교회. 비록 부서지긴 했어도 그 크기에 압도되는 것 같다. 역사 속에서 과거 스페인의 영광이 아른거린다.

불러 사진을 같이 찍자 하여 같이 사진을 찍었다.

그들과는 며칠 전부터 같은 알베르게에서 숙박을 했는데 처음으로 이야기를 나누었다. 우리가 한국에서 왔다고 했더니 북쪽인지 남쪽인지 묻는다. 안타깝다. 우리는 남쪽이라고 말하면서도 왠지 서글픈 생각이 든다. 스페인 사람들이 북한의 핵 문제 등에 관한 뉴스를 듣다 보니 매우 민감하게 반응을 보이는 것 같았다. 우리는 그들과 인사를 하고 먼저 출발했다.

산길이 계속 꼬불꼬불 이어졌다. 이번에는 정상이겠지 하고 모퉁이를 돌면 또 다른 모퉁이를 향해 계속해서 산이 상승곡선을 그린다. 더 지쳐 버릴까봐 쉬지도 못하고 꾸역꾸역 올라간다. 휴, 결국 올라오기는 했는데 그늘이라고는 내 손바닥 한 뼘 만큼도 없다. 그늘 아래 판초우의라도 깔고 앉아 한숨 돌리고 싶은데 햇볕은 뜨겁고 몸은 힘들고 어떻게 쉬어야 하나? 내려가면 쉴 만한 곳이 있을까?

아래를 내려다보니 낮은 평야가 한눈에 들어온다. 그러나 그곳 역시 그늘은 없다. 아주 작은 덤불 같은 것들만 간간이 보이는데 거기에라도 한번 숨어봐야겠다 싶어 발걸음을 서두른다. 그 길을 걸으며 나는 아내에게 사랑이 무엇이냐고 질문해 보았다. 뜬금없는 질문 같겠지만 아내가 사랑에 대해 무슨 생각을 하고 있는지 갑자기 궁금해졌다. 아내는

없으면 보고 싶고 같이하고 싶은 마음

이라고 한다. 20대의 사랑이란 격정적이고 못 살 것만 같고 어찌할지 모르는 철모르는 뜨거운 사랑이라 말할 것이다. 70년대 가슴을 울렸던 <러브스토리>에서는 "사랑이란 미안하다는 말을 하지 않는 것"이라고 하였다. 감정이 억제된 상태에서 이야기 한 것으로 보인다. 영화 <뷰티플 마인드>에서의 존 내쉬 교수가 1994년 노벨경제학상 수상식 연설에서

내가 존재하는 이유는 당신이 있기 때문이다.

라고 한 것이 진정한 사랑의 표현이 아닐까? 하지만 지금은 어떠할까?

사랑이란

그저 바라보기만 해도 좋고 그저 함께 있으면 좋은 상태

라고 생각한다. 함께 있고 싶고, 함께 하면 그저 좋은 것이라 생각한다.

사랑이라는 말을 생각하면 나는 늘 어머니가 떠오른다. 어머니만 생각하면 나도 모르게 눈가에 눈물이 촉촉이 적셔진다. 그저 좋다. 아무리 힘들어도 어머니를 생각하면 힘이 난다. 이러한 감정이 사랑 같다. '어머니'라는 단어 속에 담긴 이 말할 수 없는 감정을 어떻게 표현할 수 있을까. 지난 부르고스 알베르게 방명록에 쓰여진 어떤 젊은이의 통곡이 감동을 준다.

> 힘들게 산 위에 올라 커다란 십자가를 보면서 통곡을 했다. 사실은 돌아가신 아버지가 그리워서 보고 싶어서 그런 것이다.

스페인에는 많은 교회 유적들이 잘 보존되어 있다. 우리나라에서는 찾아볼 수 없는 이 독특한 양식의 건축물들을 바라보는 것도 순례길의 또 다른 즐거움이라 할 수 있다.

십자가가 어떤 의미일까. 십자가를 보면서 아버지를 생각하는 것은 어떤 연관성 때문일까?

포토 삼형제가 우리를 앞서간다. 그들은 정말 사진을 많이 찍는다. 그래서 그들에게 붙여진 애칭이 포토 삼형제다. 나무를 보고, 처마를 보고, 어떤 것이든 찍는다. 나는 사진을 찍으면서도 아내에게 감시를 받는다. 자유스럽게 사진을 찍는 그들처럼 나도 그냥 놔두면 안 될까? 그런저런 생각에 아무도 모르게 입가에서 미소가 번진다.

그런데 아무리 걷고 걸어도 오히려 마을이 멀어지는지 알 수가 없다. 쉴 곳도 마땅치 않은 길가에 한 순례자의 무덤이 있었는데 얼마나 힘들었으면 여기서 숨을 거두었을까라는 생각이 들었다. 간신히 마을에 도착했다. 입구에 공립 알베르게가 열려있기는 한데 시설이 열악하게 보였다. 조금 더 가니 외양간 같은데 알베르게란다. 들어가 보니 옛날 마구간을 개조해서 만든 커다란 알베르게다. 가운데 마당이 있고 빙 둘러서 숙소가 있었는데 예상했던 것보다는 잘 만들어져 있었다. 가운데 마당에는 조그만 풀장도 있었고 그 옆에는 지친 순례자의 모습을 한 철조각상도 있다. 많은 순례자들이 빨래를 널고 마당에서 쉬고 있었는데 너무나 여유로워 보여서 좋았다.

어떤 외국인이

안녕?

하며 한국말로 인사한다. 반갑다. 외국인이 하는 우리말이니 더욱더 반갑다. 그는 알베르게 주인이다. 인상도 좋고 친절하다. 자기 이름이 "유고"라고 순례증서에 쓴다. 귀엽다. 또한 알베르게 안에 있는 레스토랑 종업원 역시 정말로 재미있는 친구였다.

하면서 점심 주문을 받는다.

"에너지"하면서 흰콩(White Bean) 수프를 먹으라 하고, 그 다음에 또 에너지하면서 비프를 먹으라한다. 좋다고 했더니 나온 것은 묽은 청국장 같은 스프와 삶은 덩어리가 있는 육개장이 나왔다. 하여간 재미가 있었다. 한국말도 곧잘 하며 우리를 즐겁게 해주어 한국을 보는 듯한 느낌으로 피곤함을 멀리 떨칠 수 있었다.

이 알베르게는 마구간의 공터를 이용해서 여러 가지 꽃을 심어서 꽃도 많이 피어 있었고 커다란 포도나무 넝쿨도 있었다. 걸어오며 "올라" 하면서 왔던 순례자들이 하나씩 하나씩 모인다. 집을 나갔던 사람이 하나씩 돌아오는 것처럼 말이다. 폴란드 부부와 딸, 스페인의 콧수염 친구, 그리고 할아버지 부부와 함께 왔던 손녀 손자가 풀장에 뛰어든다. 재미있게 놀고 있는 모습이 예쁘다. 이 어린 나이에 여기까지 오다니 참 대견스럽다는 생각도 들었다.

정원의 포도나무 밑에, 아내와 함께 쉬고 있는데 참새가 달려들었다. 아내가 빵조각을 던져 주니 새가 와서 먹고 나머지는 물고 간다. 그리고 또 온다. 아내는 즐겁게 먹이를 준다. 잘못하다간 고양이 엄마에, 참새 엄마까지 되겠다.

저녁을 먹고 동네를 둘러보다가 실망감을 안고 숙소로 돌아왔다. 이 마을에는 아무것도 볼 게 없었다. 낙후되고 소외된 시골 마을의 전형적인 모습이다. 내일 아침에 출발할 곳의 이정표만 확인하였다.

꿈 너머 꿈을

보아디아 델 카미노 →

카리온 데 로스 콘데스(26.4km)

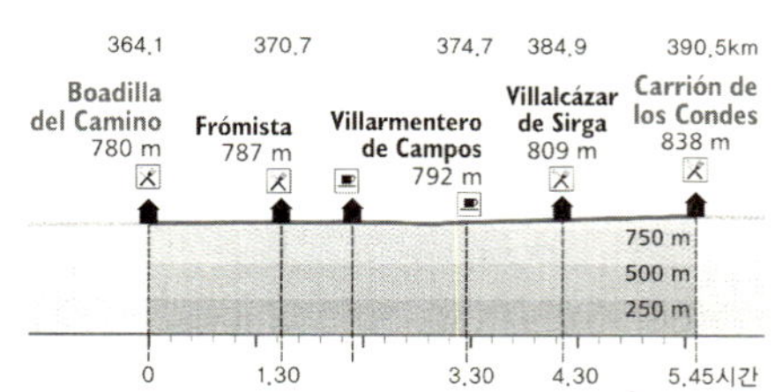

오늘은 여유있게 5시에 일어났지만 순례객들의 단잠에 방해가 될 것 같아 조용히 눈을 감고 있었다. 한참 후에 아내가 몸을 뒤척이며 몇시냐고 물어 시간을 보니 5시 50분이다. 일어나 차분하게 준비를 하고 출발했다.

새벽부터 구름이 많이 있어 혹시나 비가 오지 않을까 걱정이다. 하나님께 기도하면서 제발 비가 내리지 않도록 해달라고 기원했다. 일찍 나와서 그런지 거리에는 아무도 없었지만 그 고요함에 빠져드는 것도 나쁘지 않았다.

벌판을 가로지르는 수로를 따라 걷는 길인데 수로가 완전히 일자로 쭉 뻗어 있었다. 오래전 로마시대부터 관개시설을 잘해 놓고 수로관리를 잘해서 어디서나 로마시대의 수로를 볼 수가 있고 조그만 운하들이 동서로 가로지르면서 이 평원에 물을 대주고 있었다. 이런 목민관들의 선정을 보면서 과거 우리 한국은 왜 이런 시설을 만들지 못하고 그리 가뭄에 홍수에 고생을 하고 굶주리면서 살아왔는지 아쉬운 생각만 들었다.

이 길은 모기가 엄청 많아서 순례자들이 상당히 고생하는 곳이라 들었는데 새벽이라 시원해서인지, 아직 모기도 잠에서 깨지 않아서인지 우리는 편안하게 그 길을 통과했다. 멀리서 기적소리를 내며 기차가 달려가고 있다. 교통수단이 발달한 뒤에는 기차 여행을 할 기회가 많지 않았는데 이번 순례길에도 파리에서 생장피드포르까지 이동할

거리에는 아무도 없다. 어떠한 소리도 들리지 않는다. 오직 스틱과 발자국 소리 뿐….
외로움을 이기고 충만한 마음과 믿음으로 한 걸음 한 걸음을 음미하며 이 길을 걷는다.

때 떼제베와 지방열차를 탄 것이 고작이다. 누구나 그렇겠지만 나 역시 기차에 대한 추억거리가 있다. 중학교 때 만화에 빠져서 가출한 경험이 있었는데 서울에 가서 며칠간 지내다가 돈이 떨어져 집으로 올 수밖에 없는데 호주머니에는 단돈 100원만이 있었다. 할 수 없이 서울역에서 전주까지 가는 11시 야간열차를 타는데 영등포역까지 가는 표를 구입했다. 얼마나 지났을까. 역무원이 기차표를 검사하고 있었다. 할 수 없이 계속 뒷 칸으로 갈 수밖에 없었다. 그런데 어느 역에서 기차가 정차 하길래 내려서 앞으로 가려고 하니 역무원이 지키고 있지 않은가. 차표는 엄마가 가지고 있다고 거짓말을 하고 다시 되돌아 왔다. 다시 기차가 출발하고 열차 안에서는 계속 차표 검사를 하고 있다. 할 수 없이 속임수를 쓰기 위해 약간 어두운 곳에서 기차표를 보여주고 통과를 했다. 아찔한 순간이다. 전주에 도착하니 이 열차는 학생들이 많이 이용하는 통학 열차여서 다른 학생들과 같이 묻혀서 나왔다. 나중에 이런 이야기를 사촌 형님에게 말했더니 나중에 소설가가 되겠다고 하면서 크게 웃었다. 정말 오래된 이야기이다. 지금 생각하면 기가 막힌다. 대학생이던 형님 책을 팔아서 그 돈으로 만화를 보았다. 이런 일이 반복되다가 발각되어 가출을 하였던 것이다.

1시간 30분을 걷고 프로미스타(Frómista) 바(Bar)에서 아침을 먹은 후 옆에 있던 교회에 가서 사진을 찍었다. 옆에 있던 스페인 장다리 세 자매가 엘레강스하고 뷰티풀한 교회라며 자랑한다.

우리 부부에게 정말로 큰 바람이 있다면 그것은 무엇이겠는가. 자녀들이 결혼을 해서 행복한 가정을 꾸미는 것이라 생각한다. 이것보다 더 큰 소망이 있겠는가. 나는 그 세 자매를 보면서 우리 아이들 생각이 났다. 지금 잘 지내고 있을 자식들을 생각하는데 왠지 모를 그리움에 뭉클해진다. 내가 꿈꾸고 있는 삶은 어떤 것일까? 언젠가 나의 소망을 담았던 기도문이 뇌리에 스쳐 지나갔다.

풍성한 가을을 주신 하나님, 감사합니다.
주님의 뜻으로 이곳에 전주대학교를 세우셔서
가르치고, 배우며, 봉사할 수 있는 삶을 주셔서 감사합니다.

하나님,
이 나라와 이 민족을 위하여 기도드리기를 원합니다.
모든 위정자들에게 지혜와 능력을 더하시어
이 나라를 잘 이끌어가게 하시고 모든 백성이 하나님을 경외함으로
사랑과 축복 속에 잘 사는 나라가 되게 하여 주옵소서.
지금도 가난과 기근 속에 있는 이북 땅이 변화되고
남북이 화해하고 더 나아가 하나님 뜻 가운데
평화통일이 이루어지게 하여 주소서.
그리하여 하나님 나라의 평화로운 질서가
이 땅에 이루어지게 하여 주소서.
또한 하루 빨리 경제가 회복되어
사람들이 살아가는데 필요한 것들을 누리게 하소서.
가진 자와 못가진자가 하나님께 범죄 하는 일이 없게 하소서.

주님!
전주대학교를 축복하여 주소서.
세상을 향한 하나님의 뜻이 이 전주대학교를 통하여

더욱 풍성하고 아름답게 이루어질 수 있도록 축복하여 주소서.
우리 학생들이 먼저 세상의 빛과 소금의 역할을
잘 감당할 수 있도록 도와주소서.
주께서 능력 주실 때 이 모든 일을 할 수 있다는 것을 믿습니다.

하나님,
학생들에게 꿈 너머 꿈을 가꾸는 삶을 갖게 하여 주소서.
감사드리며 예수님의 이름으로 기도드립니다. 아멘

오래된 교회 앞에 우리보다 앞선 순례자들이 사진을 찍고 있었다. 폴란드인 딸과 부부에게 함께 사진을 찍자고 했더니 좋다고 했다. 서로가 눈인사만 하고 다녔었는데 반가웠다. 서로 사진을 찍은 뒤 교회 안에 들어가 보니 몇 사람 없다.

카리온 데 로스 콘데스(Carrión de los Condes)에 도착하여 수도원에서 관리하는 알베르게에 짐을 풀자 수녀님들이 친절하게 우리들을 안내해 주신다. 레스토랑에서 쉬고 있는데, 우리보다 앞서 갔던 슈잔이 밝게 웃으면서 들어왔다. 며칠 동안 만나지 못했었는데 너무나 반가워 그녀와 우리는 서로 포옹을 나눴다. 그녀는 헝가리의 사회학자이면서 영어 선생을 하고 있다며 이메일 주소를 주었다. 내년이면 그녀의 나이 60인데 자기 삶에 대한 새로운 기회를 갖고 싶어 이 순례길에 왔다고 했다. 나는 아내와 같이 사진을 찍어 주었다. 다정하고 상냥한 여인이다. 내일 다음 알베르게에서 다시 만나자고 약속을 하고 헤어졌다.

많은 순례자들은 이렇듯 꿈을 꾸고 있는 것 같다. 어제와 오늘과 내일이 모두 동행인 것이다. 서로 다른 꿈을 꾸고 있지만 같은 시간을 공유하면서 하루하루 각자의 순례를 하고 있는 것이다.

저녁 산책을 다녀오는데 알베르게 앞에 이장형 군이 있지 않은가. 첫날 오리숑 알베르게에서 만난 이후 16일 만이다. 반갑게 인사를 하고 며칠 동안 그가 겪었던 이야기들을 듣는데 말이 안 나온다. 전자수첩과 MP3를 잃어버려서 파출소에 가서 분실 신고를 하고 분실 증명서를 가져온 이야기를 하는데 무슨 무용담을 듣는 것 같다. 재미있는 학생이다. 시간 가는 줄 모르고 그의 무용담을 듣다가 늦은 시간에 헤어지면서 내일 아침 6시에 만나서 함께 출발하기로 했다.

침대에 물건들을 가지런히 정리해 놓은 모습.
모두에게 힘든 순례길이지만 공공장소에서 지켜야할 기본은 반드시 지킨다.

Day 17 (7. 7)

오랜 시간 내 자신에게 집중하며

카리온 데 로스 콘데스 →

테라딜로스 데 로스 템프라리오스(27.5km)

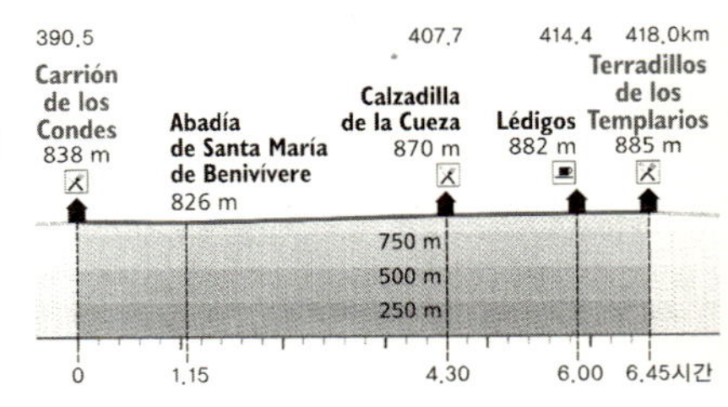

다섯 시에 일어나 배낭을 꾸리며 떠날 준비를 하고 있을 무렵, 앞 침상의 바르셀로나에서 온 할아버지 부부가 손녀와 손자를 깨우는데 어린애들이 일어나지 못하는 것 같다. 아직도 응석을 부릴 나이인데 순례길에 할아버지, 할머니와 동행한다는 것은 대단한 일이다. 어제 아내가 손녀딸과 이야기를 하는데 한국에 대해서 잘 알고 있다고 했다. 한국의 초등학생하고 펜팔을 하고 있단다. 건강하게 순례를 마쳤으면 한다.

아래층에 내려와 막 출발을 하려는데 문이 열리지 않는다. 문을 잠가 놓았다. 수도원 알베르게는 6시에 문을 열어주기 때문에 6시 정각에 다시 나와서, 이 군을 만나 기도를 한 후 함께 출발했다. 오늘 아침은 매우 싸늘했다. 지도를 보니 19km를 가야 다음 마을이 나오는데 그 중간에는 바(Bar)도 가게도 식당도 없단다.

새벽하늘에는 아직도 별이 총총하다. 새벽이면 어김없이 만나는 빛나는 개밥바라기별을 왼쪽 어깨에 두고 간다.

한 시간쯤 걷자 포장도로가 끝나고 비포장 길이 나온다. 그늘도 없는 밀밭 사이로 길만 쭉 뻗어있다. 지친다. 적당한 곳이 나타나면 앉아서 쉬고 싶은데, 좀처럼 마땅한 곳이 나타나지 않는다. 차 한대 다니지 않으니 결국 앞에 놓여 있는 길을 내발로 걸어가는 방법밖에 없다. 이렇다 보니 오히려 나 자신을 오랜 시간 내 자신에게 집중할 수 있어 좋다. 묵묵히 가다보면 결국은 목적지가 나오게 된다.

8km를 지나 만나게 된 간이음식점에서 소시지를 굽는 냄새가 너무나 구수하게 난다. 커다란 빵 속에 소시지를 넣은 것이 먹음직스러웠다. 부산대학교 백 교수와 딸이 도착해서 서로 인사를 나누고 함께 아침을 했다. 딸 성격이 좋아 보였다. 모처럼 아내는 이 군과 같이 걷고 나는 백 교수와 많은 이야기를 하면서 걷다보니 맘도 편하고 길이 편안했다. 의기가 투합하고 서로 마음이 통한 것 같다.

백 교수는 이 길에 대해 많은 생각을 갖고 있었다. 중세기에 얼마나 많은 순례자들이 이 길에서 죽었는지… 얼마나 많은 고난을 겪었을지? 이 순례길이 다른 목적으로 변질되는 것에 대해 안타까운 마음을 갖고 있었다. 즉 스포츠나 오락 의미로 가는 것에 대한 안타까움이었다. 나 역시 이에 대해서 동감을 표했다. 인간이 할 수 있는 많은 일 가운데 이러한 체험을 갖는 것은 삶에 커다란 의미가 될 수 있을 것 같다. 신앙적으로 또한 영적으로 자신의 삶을 이해하고 사색할 수

순례길에서 이정표는 길 뿐만 아니라 나를 함께 찾아 가기 위한 알림이다.

있는 기회를 갖는 것은 매우 중요하다고 생각된다. 이 엄청난 고난의 길에서 신앙과 영적인 시간 또한 치유의 시간, 그리고 사색의 시간을 갖는다는 것이 행복한 일이라고 본다. 언제 이러한 시간을 가질 수가 있을까.

어쨌든 나 혼자만의 시간에 수채화든 유화든 묵화든 그림을 그릴 수 있는 여유가 이곳에는 있는 것 같아 좋다. 우리가 가질 수 있는 시간, 그 누구도 침범할 수 없는 이 시간을 우리는 어떻게 보낼 수 있을까. 참으로 나는 행복하다. 정말로 자유라는 것을 갖는 것 같아서 좋다. 나 자신을 내려놓고 누구든 어떤 것이든 포용할 수 있어서 좋다. 서로를 이해하고 서로를 배려하고 같이 동행하는 이 길에 무한한 행복함을 느끼는 것이다.

"나는 누구인가" 스스로를 묻는 물음 속에서 근원적인 삶의 뿌리 같은 것을 확인할 수 있다. 항상 자신의 삶이 어디로 가고 있는가를 물을 수 있어야 하며 인간은 늘 근원적인 물음 앞에 마주서야 한다. 나는 어디서 왔는가. 나는 어디로 가는가. 그리고 나는 누구인가. 그런 물음과 대면하지 않는다면 진정한 인간의 삶이라고 할 수 없을 것이다. 나는 이렇게 오랜 시간 내 자신에게 집중할 수 있는 이 길이 좋다.

반환점(400km)을 돌아서 이제 가는 길이다. 우려했던 아내가 의외로 잘 걷는다. 특히 오늘은 이 군과 같이 이야기하면서 즐겁게 걷다 보니 다리가 편한 것 같다. 모든 것은 마음먹기 같다. 어려움을 즐거운 마음으로 돌려 갖는 것은 무엇보다도 중요하다고 생각했다.

이런 생각 저런 생각으로 내 자신에게 반문하면서 계속 노란 화살표를 따라 걷다보니 조그만 마을 테라딜로스 데 로스 템프라리오스(Terradillos de los Templarios)에 도착했다. 스페인의 작은 마을 지명들은 다들 왜 이리 긴지 모르겠다. 조그만 마을이라 상점도 없어 알베르게에서 모든 것을 해결해야 한다.

우리가 묵은 알베르게는 가정집을 개조한 것인데 이층 침대가 아닌 일반 침대로 방 하나에 여덟 명 정원이다.

백 교수와 딸은 알베르게에서 간단하게 식사를 하고 사하군(Sahagún)까지 가겠다고 한다. 아마 40km 정도를 걸을 모양이다. 백 교수는 순례길에 오기 전에 지리산 종주도 하고 나름대로 준비를 하였지만 딸은 갑자기 동행하게 되어 무리한 일정을 잘 견디어 낼지 걱정이 된다. 무사히 순례길을 마치기를 기원해 본다.

저녁식사를 마치고 이 군은 지금까지 찍었던 사진들을 노트북에 저장해 두었다고 출발 때부터의 사진을 나에게 보여준다. 참으로 재미있는 사진들이 많이 있다. 순례길에 노트북을 가져왔다고 외국인들이 대단하다고 한단다. 대학생이라 관심의 대상도 우리와 다르다. 어떤 사물에 대한 인식이 이렇게 다른가. 세대차이가 느껴진다. 이 군의 노트북에서 사진을 보던 아내가 나보고 앞으로 사진을 많이 찍으라고 한다.

Day 18 (7. 8)

기도의 은혜가 있는 카미노 길

테라딜로스 데 로스 템프라리오스→

칼사디야 데 로스 헤르만니로스(26.2km)

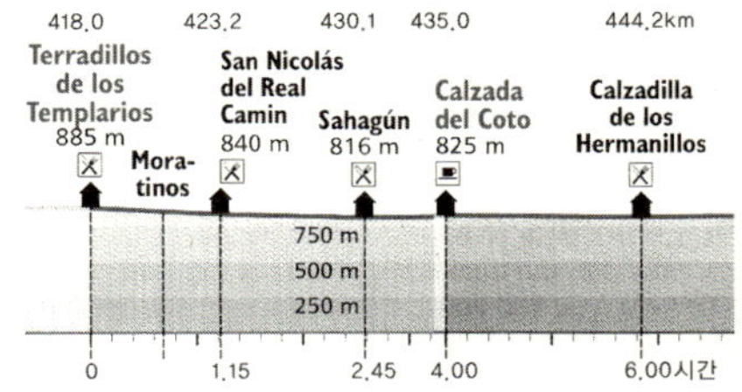

오늘은 여유를 부렸다. 기껏해야 삼십분이다. 하지만 그 시간이 길게 느껴진다. 나오면서 출발 기도를 했다.

사랑과 은혜가 많으신 하나님. 감사합니다.
좋은 날씨를 주셔서 감사합니다.

오늘은 18일째 순례길입니다.
오늘도 순례길에 저희들을 보살펴 주시고
걷는 걸음마다 은혜를 주옵소서.

하나님,
이 순례길에 커다란 은혜와 감사를 갖게 하옵소서.
우리가 준비하고 계획하고 있는 일들을
하나님께서 주관하여 주시고 하나님 뜻대로 하게 하옵소서
새롭게 변화된 모습을 갖게 하시고
더욱 더 믿음과 기도 속에 살게 하옵소서.

하나님,
제가 준비한 40개의 기도 제목을 기억하여 주시고

하나하나를 열람하여 주셔서 갖가지 제목에 따라
하나님의 은혜가 충만하게 하옵소서.

특별히
최 성도님과 박 집사님을 위해서 기도합니다.
지금 투병 중에 있사오니
하나님의 성령이 임재하시어
치유의 역사가 일어나게 하옵소서.

모든 것이 하나님의 은혜라고 생각합니다.
하나님의 은혜가 저희에게 나타나게 하옵소서.
하나님 가는 걸음마다 은혜 속에 사뿐하게 걷게 하옵소서.
우리를 주관하시는 하나님의 은혜에 감사하오며
모든 말씀을 예수님의 이름으로 기도합니다. 아멘

기도가 끝난 직후 이 군이 오늘이 19일째가 아니냐고 묻는다. 어제 기도 때 18일째라고 했단다. 우리는 웃으면서 아, 그렇구나. 그러면 내일은 20일이라 해야겠다고 말했다. 신앙생활을 하지 않는 이 군이지만 함께 기도할 때면 손을 꼭 잡고 서로가 한 마음이라는 것을 느낀다. 이 군도 하나님을 알았으면 좋겠다.

한 시간쯤을 걷고 국회의원 보좌관을 했다던 한국의 젊은 친구가 바(Bar)에 합류해서 같이 아침을 했다. 발에 물집이 생겨 고생을 하지만 30~40km씩 걸을 생각이라고 했다. 일정이 짧게 되어 있었다. 이 젊은이도 하나님을 믿지 않지만 이 순례길에 뭔가 위에서 자기를 지켜보고 있는 것 같이 느낀다고 했다. 그래서 조심스럽고 조심스럽다고 했다. 그는 이 순례길이 갑작스럽게 계획되었다고 한다. 자기를 위해한 후배가 이 순례길을 가면서 애인이 생기기를 기도하겠다고 한 후 순례길을 떠났는데, 기도대로 이 젊은이에게 애인이 생긴 것이다. 얼마 후에 여행에서 돌아온 후 그 후배와 저녁을 먹으면서 산티아고 순례길을 이야기하였는데, 애인을 위해서 순례길을 가겠다고 그 후배에게 약속을 했단다. 그래서 갑작스럽게 비행기를 예약하고 기차를 예약한 후에 한강변에서 몇 번 25km 정도를 걷고 출발하였단다. 대단히 용기 있는 사람이다. 이 젊은이가 계획하고 준비하고 있는 모든 일들이 이루어지길 기도하여 주었다. 네이버(NAVER)에 있는 "순례자를 위한 기도"를 인용하면 누가 우리와 숨 쉬고 있는 듯 하다.

우리 사는 날이 당신으로 빈손이 되게 하시어
그 손을 모으게 하소서.

내 눈으로 보는 것들을
매번 지금 내 사는 날의 기도가 됩니다.
그 소망으로 내 기도가 더는 가벼워지지 않게 하소서.
당신의 자비와 긍휼의 손을 붙잡으며
다른 손은 죄다 놓아버리게 하소서.
내 딛고 서 있는 이 자리가 나를 붙잡아도
건너가야 할 그 다리 위해서
집을 짓는 수고로
내 영혼이 허기지지 않게 하소서.

오늘도

하루 분의 발걸음을 재촉하여
당신께서 내 뿌리를 내리게 하시는 그 만남을 향하여
젖과 꿀이 흐르는 땅을 찾아가던 그 백성의 걸음으로
내 가는 길 인도하소서.
당신으로 일용할 내 길을 가게 하소서.

가라 하시는 길을 가는 동안
그 어디서든지
내 뿌리 내리지 못하게 하소서
욕망의 깊이만큼 매번 얕아지는 기도는
그냥 그러다 말게 하소서
더디 가도 당신의 생명이 살아 숨쉬는
그 호흡으로 당신과 함께
나란히 내 기도가 걷게 하소서.

언제나 만나는 길이지만 길은 끝이 없다. 그래서 계속 계속 걷는다. 기분 좋게 걸어서 13km 거리인 사하군(Sahagún)에 도착했다. 높은 성당의 종탑에는 황새들이 집을 지어 살고 있고 성당 문 앞에는 야고보 사도 동상이 서 있다. 아내와 번갈아가며 사진을 찍었다.

사하군은 풍요로운 농업지대의 중심이기도 하지만, 이슬람과 가톨릭 간의 전쟁 무대였던 스페인 북부의 한복판이기도 하다. 사하군은 11세기 때 알폰소 6세에 의해 재건되어 전성기를 맞이했다. 이베리아 반도에 있는 프랑스 클뤼니 수도원의 교구로서는 가장 세력이 컸으며, 그들은 순례의 길을 정비하는 데도 큰 역할을 담당했다. 로마시대의 순교자 산팡군(Sant Fangun)의 이름에서 유래하는 산팡군 수도원은 알폰소 6세가 클뤼니의 베네딕트 수도회에 이 마을을 양도한 후부터 위용스런 수도원의 건축이 시작되었고, 13세기에 완공을 보았다. 그 후에도 여러 차례 개보수 공사가 이루어졌으나, 1836년 스페인 정부가 교회 재산을 몰수하자 폐쇄되고 폐허가 되었다.

사하군을 지나가는 그때, 이화옥 장로의 문자메시지가 왔다.

힘드시지요. 지난번 먹구름은 어떻게 되었나요. 지금쯤 사하군을 향하시나요. 절대고독 속에서.

나는 답장을 보냈다.

족집게시네요. 막 사하군을 지나서 레온을 향하여 당당히 가고 있습니다. 비는 지금까지 없었습니다.

순례자들을 반겨주는 사하군 입구. 끝이 없어 보이는 길에서도 언제나 종착점은 드러났다.

이제 60세에 가까워진 지금, 더 사랑하고, 배려하고, 이해하고, 같이하는 인생이야말로 행복한 삶이라 생각한다.

참으로 감사하고 감사하다. 이런 마음을 갖고 우리 부부를 위해서 기도해 주는 분이 있어서 행복하다. 거의 500km까지 오는데 아무 걱정 없이 자녀들이 지내고 있고 나의 모든 주변에서 별다른 일이 없어서 감사하고 감사하다. 앞으로 사는 인생은 덤으로 산다고 생각을 해 본다. 지금까지 받아온 모든 은혜를 생각하면 당연한 일이라 생각된다.

어제 27.5km 정도를 걸어서 그런지 오늘(26.2km)도 발이 무겁다. 내가 이 정도인데 아내가 무던하게 잘 견디고 있다고 생각한다. 그 옆에 걷고 있는 아들 같은 이 군은 박식하고 재미있는 경험담도 갖고 있고 유머스럽기도 했다.

순례길에서 멀리 교회 십자가가 보이면 다 온 것 같지만 사실은 1시간 정도 더 가야 했다. 오늘도 멀리 마을이 보이지만 50분 정도를 더 걷고서야 마을에 들어섰고 곧 알베르게에 도착했다. 작은 마을에 침대 수도 20개 밖에 되지 않는 작은 알베르게이다. 슈퍼마켓을 찾아서 모처럼 스파게티를 만들어서 먹기로 했다. 엊그제 헤어졌던 슈잔이 아일랜드 사람을 데리고 알베르게에 도착했다. 이래서 서로가 즐겁고 행복한 마음을 갖는 것 같다. 헤어지고 다시 만나고 또 다시 만나고 헤어지고 이것이 우리가 사는 인생이구나!

저녁식사 때 재미있는 일이 생겼다. 아내가 모처럼 작은 가게에서 쌀을 사다가 볶음밥을 하겠단다. 양파, 초리소(소시지), 올리브유, 피망, 감자 그리고 남아있던 김 가루와 고추장 등을 섞어서 맛있게 식사를 했다.

내일은 25km를 가는 도중에 마트가 없기 때문에 아침을 미리 준비해야 했다. 물, 요구르트, 감자 삶은 것, 사과, 누룽지 등을 준비하고 있는데 이 군이 계란을 삶아 가면 좋겠다는 아이디어를 내고 가게에는 없기 때문에 바(Bar)에 가서 사오겠다고 했다. 바에 갔더니 주방장이 영어는 한 마디를 못해서 온갖 몸짓으로 꼬끼오 소리까지 내면서 흉내를 냈단다.

바에 있던 순례자가 스페인어로 설명을 했는데 에그 프라이 인지 도대체 생 계란인지 알지 못해서 생각해 낸 것이 내추럴 에그(Natural Egg)라 해서 순례자들이 재미있게 웃으면서 생계란을 사는 데 도와주었다고 한다. 알베르게 주방에서 온 스페인 대학생 4명 중 1명이 계란을 보고 어디에서 구했는가 물어서 바(Bar)에서 샀다고 알려줬다.

이 군이

스페인 애들도 못 구하는 것을 내가 구했네?

라고 하면서 함박웃음을 지었다.

거기 너 있었는가

칼사디야 데 로스 헤르만니로스→

만시야 데 라스 물라스(24km)

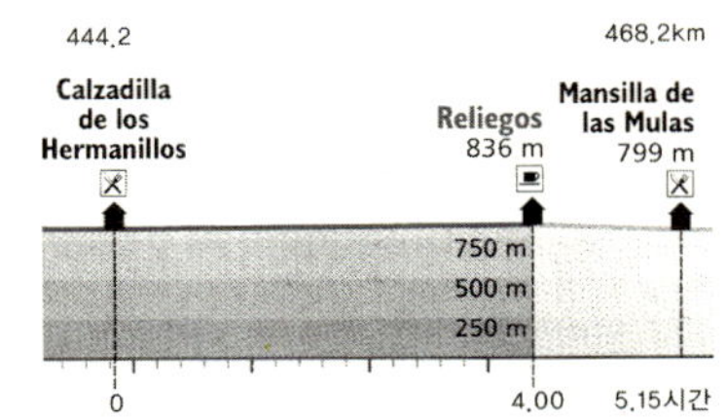

오늘은 예상했던 대로 출발부터 끝이 보이지 않는 들녘길을 걸어가야 한다. 출발 기도를 마치는데 이 군이 아멘이라고 한다. 감사했다.

고원 지대의 아침은 역시 매우 쌀쌀했다. 동쪽 땅 끝의 하늘이 붉게 물들기 시작한다. 먼 길 떠나는 이는 뒤를 돌아보지 않는다고 했던가? 그러나 나는 아름다운 일출이 보고 싶어 자꾸 뒤를 돌아 보았다. 카미노에 들어선 뒤 거의 날마다 만나는 아침 노을이지만, 특히나 쌀쌀한 메세타의 새벽 일출은 더욱 장쾌하고 훨씬 풍요로워 보였다. 실로 힘을 가득 충전시켜주는 새벽의 붉은 기운이었다. 다시 등을 돌리니 서쪽으로 뻗은 길이 나를 맞고, 덕분에 기운차게 발길을 내딛었다.

해가 나오면서 우리를 비치는 그림자가 길게 늘어진다. 가도 가도 끝이 없는 이 길을 걸으며 순례자들은 어떤 생각을 할까? 진정으로 순례자는 누구일까?

그늘 하나 없는 이 길에서 이러한 고난을 경험하면서 삶의 의미를 다시 한 번 재조명할 수 있는 기회를 가질 수 있겠다 생각했다. 편한 것만 찾아서 살아왔다. 지난날의 일들이 머리에 스쳐갔다. 조금만 힘들어도 피해버리고 자신의 안락만을 위해서 살아왔다. 그 많은 세월을 새롭게 생각해 본다. 조금 가다보니 그림자가 약간 줄어들었다. 나와 가까이 있는 것 같다. '그림자'와 이야기 한다.

왜 이렇게 힘들게 가야합니까?

경험을 하는 것이다.

고난을 통해서만이 가능합니까?

고난을 당하셨던 예수님을 생각해봐라.

이러한 생각을 주고받고 간다. 자문자답 하는 것이 어찌 보면 하나님과 대화한다는 생각이 든다. 감사하고 감사하다.

많은 은혜를 받고 있다는 느낌이 들었다. 40개의 기도 제목을 생각하면서 기도를 한다. 새로운 경험을 하는 것이다. 남을 위한 중보 기도를 이 순례길에서 반복해서 기원하는 것은 또 다른 의미가 있을 것 같다. 그 많은 순례자들이 걸었던 길에서 기도했던 곳에서 시간을 초월해서 같은 마음으로 기도하는 것이 얼마나 감사한 일인가. 다시 없는 기회라고 생각해 보면서 마음을 가다듬어 본다.

2000년 전부터 현재까지의 역사와 전설, 그리고 숭고한 종교적 희생이 숨 쉬는 길을 걷고 있다. 이 얼마나 즐거운 일이란 말인가. 내 인생의 한 자락을 뚝 떼어 역사 속으로 순례를 떠난 것이다. 그 과정에서 육체의 고통과 누적된 피로는 내적인 행복과 만족감으로 탈바꿈된다. 낡고 좁은 침대에 몸을 누이면서도 웃으며 잠드는 나를 발견하는 행복을 누린다.

몇 시간을 절대 고독 속에서 나를 견디며 가고 있는데 멀리 채소밭이 보였다. 끝없던 밀밭을 보내고 채소밭이 길게 자리잡고 있었다. 한 농부가 자전거를 타고 와서 이동식 스프링클러를 점검하면서 왔

바퀴가 달린 이동식 스프링클러. 넓은 농지에서 효율적인 농사를 위해 개량한 듯 하다.

다 갔다 한다. 고정된 스프링클러가 아니고 움직이는 스프링클러다. 참 기발한 생각이다. 이렇게 넓은 지역에서는 이러한 농사 방법이 효율적일 것 같다. 우리의 농촌을 생각하면 여러 가지 짠한 생각이 든다. 너무나 고생하고 사는 것이 안타깝다. 그런 생각들을 하며 나는 계속 걷고 있다.

순례길의 주제 찬송으로 정했던 '거기 너 있었는가'를 찬송한다. 아내와 같이 두렵고 떨리는 마음으로 찬송을 부르며 걷는다. 우리 부부의 순례길 주제 찬송가는 정말 의미가 있었다. 우리가 그 현장에는 없었지만 그 동시대적인 순례길에서 이러한 찬송가를 부르는 것 자체가 나에게는 커다란 은혜가 되었다.

천신만고 끝에 만시야 데 라스 물라스(Mansilla de las Mulas)에 도착했다. 정말 힘들게 왔다. 피곤도 피곤이지만 아침에 콧물이 나와 감기약을 복용해서 그런지 힘이 없고 또 힘이 더 들었다. 오다가 공사 관계로 5분 정도를 다른 길로 가다가 되돌아오는 실수도 하였는데 정신 차리고 잘 가라는 경고 메시지 같았다. 계속 같은 길이므로 방심을 했던 것이다.

순례길 중간 중간에는 독특한 조형물들이 많다.
깊은 역사 만큼이나 수많은 예술인들이 순례 도시들을 다녀갔다.

도시 입구의 광장에서 조가비 모양의 조형물 앞에서 사진을 찍었다. 조금 뒤에 바로셀로나에서 온 대학생 다섯 명이 인사를 하면서 먼저 간다. 알베르게에서 등록을 하고 6인용 2층 방에 배정을 받았다. 친절한 호스피딸레노와 함께 사진을 찍었다. 오늘 숙박하는 알베르게는 아주 특이한 곳이다. 우선 마당에 테이블과 의자들이 많이 있어 순례자들이 여기에서 음식을 먹거나 이야기를 나누는 장소로 아주 좋았다. 그리고 건물 벽에 수 많은 화분이 걸려 있어 운치도 있고 분위기가 맘에 들었다.

알베르게 사무실에 등록을 하면 트럼프 카드와 같은 것을 여러 장 보여주면서 하나를 고르라고 한다. 각각의 카드에는 아주 유용한 글들이 적혀 있는데 카드마다 다 다르다고 한다.

내가 뽑은 카드에는

알베르게 사무실에서 내가 뽑은 카드

Whatever you decide is always right

라는 말이 적혀 있었다. "네가 결정한 것은 무엇이든지 항상 옳다"고 되어있다. 얼마나 은혜스러운 문구인지 감사하다. 그리고 아내의 것은

No event holds any power over you other than that which you give it

이다. "모든 면에서 당신이 행했던 능력보다 더 많은 영향력을 발휘하게 될 것입니다"라는 의미이다. 아내가 뽑은 것은 아내의 역할이 크게 된다는 뜻일 것이다. 아내의 말을 듣고 손해 본 일이 없다고 하지 않던가?

만시야 알베르게가 있는 긴 골목길 좌우는 모두 순례자들을 위한 레스토랑과 바 그리고 슈퍼마켓 등이 많이 있다. 점심을 하고 편히 잠을 잤다. 2시간 후에 일어나니 몸이 편하다. 20일 동안의 피곤함을 알려주는 것 같다. 더욱더 조심해서 몸 관리를 해야 할 것 같았다.

낮잠을 잔 후 침상에 누워 있는데 밖이 소란하다. 말발굽 소리가 들린다. 아내가 와서 말한다. 말을 타고 순례하는 사람들이 알베르게 사무실에서 순례 여권에 도장을 찍고 갔다고 했다. 말로만 듣던 말 타고 가는 순례자들은 어떤 사람일까?

Day 20 (7. 10)

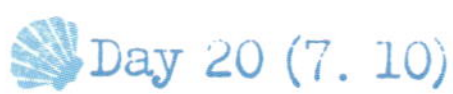

절대자와 실랑이하며

만시야 데 라스 물라스 →

라 버겐 델 카미노(27.9km)

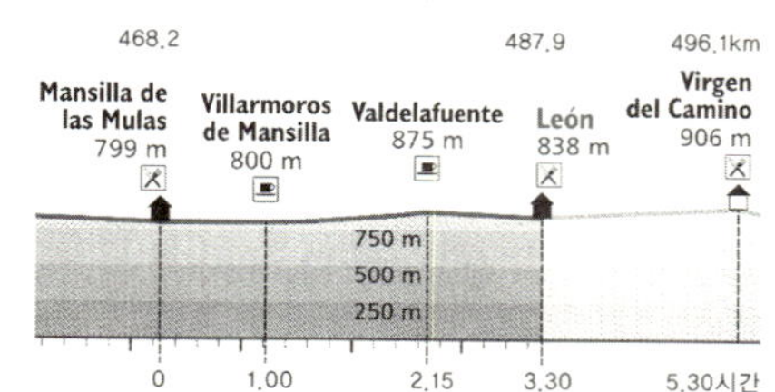

어제 저녁에 감기약을 먹고 자서 그런지 조금 늦은 시간인 6시 5분에 깼다. 중간에 한번 깨긴 했지만 모처럼 잘 잔 것 같다. 몸이 거뜬하다. 피곤한 몸이 풀린 것 같다. 20일 동안 거의 500km를 걸었는데 어찌 피곤하지 않겠는가, 하지만 아침이 상쾌하다. 즐거운 기분으로 출발했다. 도시를 빠져나와 자동차도로를 따라 레온(León)으로 가고 있다. 등 뒤에서 해가 떠오르고 있고 눈이 부시고 널따란 옥수수

이 더운 날에 보기만 해도 시원해지는 분수를 보며 잠시 피로를 잊어본다.

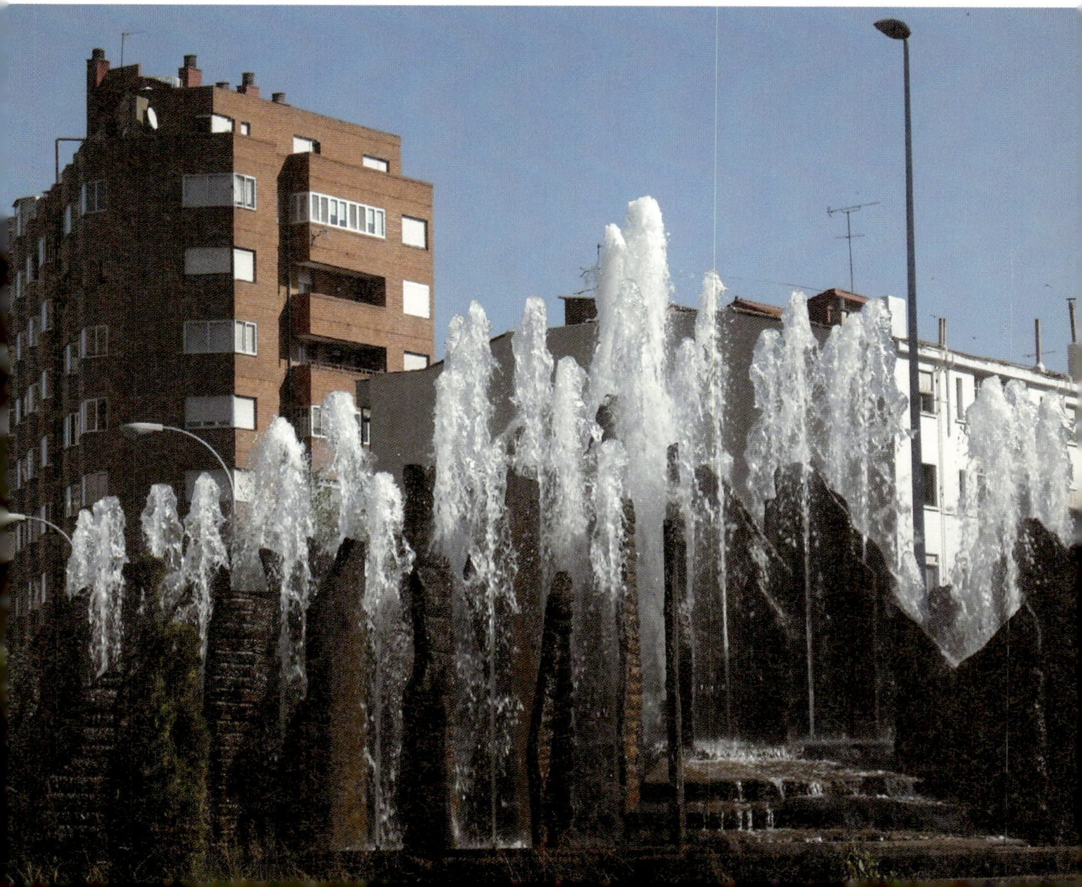

밭이 눈에 들어왔다.

1시간 20분 정도 지나서 비나렌테(Vilarente)에서 아침 식사를 했다. 우리보다 먼저 출발한 폴란드 부부가 바에 있었는데 같이 다니던 딸아이는 보이지 않는다. 힘들어서 포기했는지 무슨 이유가 있겠지. 조금 있으니 부부가 서로 말다툼을 하고 한참 후에 서로 길게 포옹을 한다. 서로 화해를 했나 보다.

이러한 장거리 순례를 하다 보면 서로의 감정이 쌓이게 되어 다툼이 일어날 것이다. 우리도 인간인데. 사실 나 역시 전날 감기가 들어 어제 밤에 호텔은 아니더라도 호스텔(Hostel)에 숙박하자고 아내에게 이야기했더니 알베르게에 가보고 나서 결정하자고 했다. 나는 나의 마음을 이해 못해주는 아내에게 서운했다. 알베르게에 와서 6인용 방이어서 참고 숙박을 했는데 오늘 나오면서 40유로 정도 절약했다고 농담을 했다. (Hostel－50유로) 인간이란 이렇게 간사하다. 어제 서운한 감정은 던져버리고 상쾌하게 오늘은 다시 걷고 있는 것이다. 그림자가 내 눈에 들어왔다. 11시 방향이다. 나의 온갖 마음을 이야기 하고 대답을 듣고 기도도 한다.

무덥고 다리가 아프고 힘이 듭니다.

하면

쉬어 가라.

고 하신다. 일상적인 대화다. 친숙하고 다정한 연인같이 응석부리는 것 같이 마음이 편하다. 나와 같이 순례하시는 것 같다. 시간이 갈수록 '그림자'가 나와 가까이 가게 되어 기분이 좋다. "여호와는 너를 지키시는 이시라 여호와께서 네 오른쪽에서 네 그늘이 되시나니"(시편 121:5)의 말씀이 나에게 큰 위로와 힘이 되주셨다. 매일 매일 나아가는 순례자인 우리들에게 하나님께서 내 오른쪽에서 그늘이 되어 주시지 않으면 우리의 몸은 쉽게 지치고 상하고 넘어질 수밖에 없었을 것이다. 또한 여기까지 오게 된 것도 모두 하나님의 지키심과 돌보심이 있었기 때문일 것이다.

한 동안 가고 있는데 뒤에서 아내와 이 군이 재미있는 이야기를 한다. 레온에 다 온 것 같다. 주위가 시끄럽고 자동차가 다닌다. 그때 전화가 왔다. 박광서 교수가 안부와 걱정을 한다.

모두를 버리고 오라.

고 한다. 특히 아내의 건강을 걱정해 준다. 참으로 배려심이 많은 교수다. 우리는 건강하게 지내고 있다고 했다. 또 20여분 뒤에는 윤문훈 친구로부터 전화가 왔다. 미국에 갔다가 전주에 왔단다. 오늘따라 여기저기서 안부 전화가 와 별일이란 생각이 든다.

레온 도시 입구에 들어가는데 폴란드 부부가 뒤따라오고 있다. 역시 도시는 번잡하고 소란스럽다. 카미노 이정표를 따라 도시 중심부로 들어가고 있다.

레온(León)의 도시 이름은 라틴어 "Legio"에서 유래되었다. 레온은 대단한 상업 중심지로 성장했다. 다양한 민족들의 온갖 화폐들이 두루 통용되어 비잔틴의 직물과 보석들, 코르도반의 상아, 레온 메세타에서 생산된 곡물 등을 사고팔았다. 또한 국제적인 양모 시장이기도 해서 소매상인부터 온갖 것을 사고파는 무역업자들과 환전상, 예술

가, 장인들로 북적이는 도시였다. 그러나 14세기 중반 안달루시아가 이슬람으로부터 탈환되자 모든 경제의 중심이 카스티야레온에서 안달루시아로 옮겨졌고, 엎친 데 덮친 격으로 페스트로 인해 레온의 황금기는 홀연 끝이 나고 말았다.

대성당의 정식 명칭은 "산타마리아 데 라 레글라"이며 13세기 후반에 지어진 고딕 양식의 걸작으로, 조화로운 구조 때문에 "고딕 양식의 이상형"이라는 평가를 받고 있다. 정면과 남쪽의 입구는 모두 호화찬란한 조각으로 장식되어 있다. 특히 130장 스테인드글라스의 아름다움으로도 유명하다. 내부로 들어가면 스테인드글라스로 장식된 높은 원형 창으로부터 태양 광선이 스포트라이트를 비추듯이 쏟아져 들어온다. 그 화려함은 실로 빛이 자아내는 예술이라고 할 정도이다.

'산타마리아 데 라 레글라' 대성당에 있는 스테인드글라스. 내부로 들어오는 빛에 의해 더욱 광채가 돋보이는 유리를 보면서 그 아름다움에 반해, 나도 모르게 정신없이 카메라 셔터를 눌러댔다.

레온 대성당에 도착해 보니 이 군이 이야기한 곽영혜 양이 성당 앞에 앉아 있었다. 서로 인사하고 성당을 구경하면서 성당 내의 아름다운 스테인드글라스를 몇 차례 사진을 찍었다. 그리고 1891년에 가우디가 건축한 카사 데 로스 보티에스(Casa de los Botines)를 보고 정면 벤치에서 스케치북에 설계하는 가우디 동상과 함께 기념사진을 찍었다. 며칠 전부터 서로 인사를 하고 다녔던 퀘벡 아저씨를 레온의 파라도르(Parador)의 호텔 앞에서 만나서 하이파이브를 하면서 부엔 카미노를 외쳤다. 반가워서 그런 것 같다. 호텔은 고풍스러웠다. 스페인에는 스페인만의 독특한 숙박시설인 파라도르가 있는데 궁전이나 수도원 같은 역사적인 장소를 개조해 국가에서 직접 운영하는 호텔이다. 파라도르도 호텔처럼 등급을 매기는데, 그 중 최고점인 별 다섯 개를 받은 파라도르는 단 둘 뿐이고, 그 두 파라도르가 모두 카미노 길 위에 있다. 바로 산티아고와 레온의 파라도르이다. 주머니가 두둑하거나 하룻밤 쯤 제대로 호사를 누리고 싶은 사람은 한 번 묵어 보는 것도 좋을 듯 싶었다.

옆에 있던 곽 양에게 결혼하면 신혼여행을 이곳으로 오면 좋겠다

가우디가 설계한 건축물로 유명한 카사 데 보티에드를 바로 이곳 레온에서 볼 수 있다.
곳곳에는 가우디를 기념하는 동상들도 상당수 존재하고 있다.

고풍스러운 궁전의 느낌을 그대로 간직한 채, 개조된 파라도르.
외관상으로는 도저히 숙박시설이라고 느껴지지 않는다.

고 했더니 웃기만 한다. 그 옆에는 지친 순례자의 모습이 동상으로 만들어져 광장에 있다. 순례자 동상과 같이 사진을 찍었다.

레온을 빠져 나오면서 중국 식당인 장성 반점을 찾아서 모처럼 맛있는 점심 식사를 했다. 야채 샐러드, 새우 죽순 표고 볶음, 닭고기 볶음, 돼지고기 볶음과 볶음밥 그리고 차까지 한국에서 식사를 한 것 같았다. 아내가 오면서 버거킹 광고 사진을 보고 오늘 저녁은 햄버거로 하자면서 제안을 했다. 곽 양과 이 군이 버거킹에서 사가지고 와서 다시 오늘의 목적지인 라 버겐(La Vigren)으로 2시 20분에 출발했다. 역시 오후는 덥다. 거리 온도가 35℃를 나타낸다. 하지만 바람이 부니까 갈 만하다. 아내가 맛있는 점심을 했다고 나보다 앞서간다.

탄력이 붙은 것 같다. 처음으로 나보다 앞서간다. 잘 걷고 있어서 감사했다.

알베르게는 학교 내에 크게 만들어져 있어서 좋아 보였다. 편안하게 지낼 것 같다. 저녁은 레온에서 사온 햄버거와 또 마트에 가서 사온 수박 그리고 와인을, 새로 합류한 곽영혜 양과 함께 즐겁게 먹었다. 고향이 진주이고 부모님이 진주에 계신단다. 서울에서 무역회사를 다니다가 그만두고 재충전을 하기 위해 6월 15일 스페인에 왔다고 한다. 며칠 전에는 걷는 도중에 뒤돌아보다가 다리를 헛디뎌서 아래턱과 팔꿈치를 많이 다쳤다고 한다. 지금은 상처가 좀 아물어 보이지만 얼마나 당황했을까. 턱에 멍이 많이 들어 있다.

오늘 숙소에는 캐나다의 퀘벡 아저씨가 왔다. 조금 늦게 슈잔도 이곳으로 왔다. 참 다정스럽고 미소 짓는 얼굴이 아름답다. 아내와 나는 벤치에서 고양이 보고 야옹야옹 하고 있는데 슈잔이 우리보고 손짓하며 야옹한다. 귀엽다.

저녁 식사를 한 뒤에 마을을 구경하기 위하여 산책을 나갔다. 스페인 노인 두 분이 산책하다가 우리 보고 어디서 왔느냐고 묻는다. 한국에서 왔다고 대답을 하니 북쪽이냐 남쪽이냐고 질문을 한다. 남쪽이라고 하니 월드컵 등을 이야기 하면서 잘 안다고 답변을 한다.

커다란 주방 및 식당에서 처음으로 삼성 TV를 보았다. 스페인 말은 모르지만 TV León 방송이다. 화면의 그림을 보고 있는데 아내가 주방에서 내일 아침에 먹을 계란을 삶고 있다. 아내는 잠시 후 나에게 와서 밖에서 야옹하고 부르던 고양이에게 가지고 있던 초리소(소시지)를 세 개 주니 잘 먹는다고 신나게 이야기 한다.

어디를 가든 고양이 엄마 티를 낸다. 달팽이, 참새 등은 어디에 있는가.

너희들이 이 맛을 알아?

라 버겐 델 카미노 →

호스피탈 데 오르비고(23.9km)

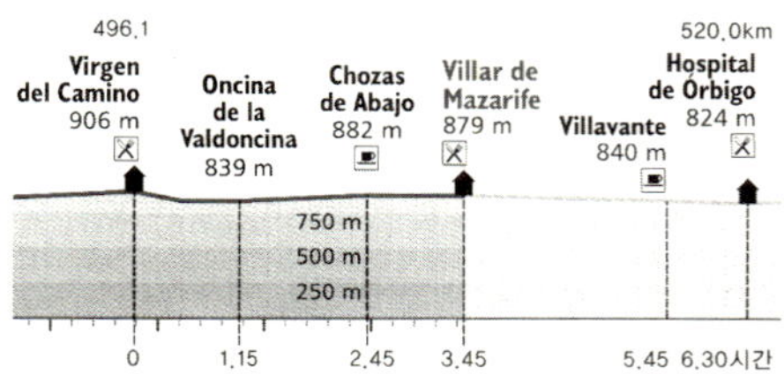

새벽 1시에 깨어난 뒤 잠이 오질 않았다. 이런 저런 생각 끝에 갑자기 포르투갈 여행 정보를 우편으로 산티아고 우체국에서 받아보는 것에 대해 생각했다. 마음이 부산하다. 오늘은 금요일인데 왜 진작 이런 생각을 못했을까. 아들은 연수를 갔고 딸은 은행 신입사원이라 도저히 안될 것 같다. 할 수 없이 이석원 박사에게 부탁했다. 좀 무리한 부탁이지만 할 수 없는 상황이라 이것이 최선이라 생각했다. 이와 같은 생각을 하게 된 것은 아내가 너무 잘 걷고 있기 때문이다. 현 상태로 걷는다면 성 야고보 대축제일인 7월 25일 이전에 산티아고에 도착할 것 같았다. 그렇다면 최소한 일주일의 여유가 생겨 포르투갈 여행을 하면 좋겠다는 생각이 들어 마음이 조급해진 것이다. 3시경에 다시 잠을 청했다.

오늘은 한식구가 더 들어와 네 명이 출발기도를 했다. 곽영혜 양이 교회를 다니지는 않지만 우리 분위기에 잘 적응해 주는 것이 고마웠다. 네 명이 손을 같이 잡고 간절한 마음으로 우리들의 순례길을 하나님께 맡겼다.

출발한지 조금 뒤에 갈림길에서 우왕좌왕 20분 만에 길을 찾았다. 사전에 준비를 했는데도 이러한 상황에 빠지면 당황하게 된다. 마을을 벗어나자마자 알베르게를 알리는 홍보 글이 바닥을 노랗게 물들여 놓고 있다. 그곳에서 왼쪽으로 가면 노란색 길이고 그대로 직진을 하면 회색길을 걷게 된다. 나는 왼쪽 길을 택하여 비야르 데 마사리페(Villar de Mazarife)를 경유하여 가기로 하였다.

조금 안정을 취하고 걷고 있는데 뒤에서 규칙적인 슈잔의 스틱 소리가 난다. 갑자기 유행가 가사인 '빨간 구두 아가씨'의 똑똑 구두소리로 시작되는 노래가 생각났다. 이 노래는 친구인 김상수 사장이 구성지고 멋지게 잘 부르는 십팔번이다. 또 친구 중에는 노래를 잘 부르는 고영호 교수가 있는데 목소리가 굵고 자신 있게 부르는 '영일만 친구'는 더 이상 설명할 필요가 없다. 또한 신효근 교수의 배호 메들리는 가히 일품이다. 특히 뒷다리 춤은 우리를 즐겁게 해주는 그 만의 특허다.

나는 중·고등학교에 다닐 때도 음악이 싫어서 미술을 택할 정도로 노래를 잘 부르지 못했다. 그래서 이런 모임에 가면 몸을 사린다. 하지만 흥이 나면 음정·박자 관계없이 나의 기분대로 부른다. 그러나 정확하게 가사를 알고 있는 것은 딱 두 곡 밖에 없다. 하나는 양희은의 '아침 이슬'과 서유석의 '가는 세월'이다.

지금 생각하면 전주대학교에 1981년 3월에 부임하고 학생들 M.T에 따라가면서 이 노래를 처음 불렀던 것 같다. 우리 학생들이 졸업여행을 가도 이 노래를, 그리고 사은회 때 또 이 노래를 불러 학생들이 제발 십팔번 좀 바꾸라고 했었다. 그러나 나의 십팔번은 아직도 변하지 않고 있다. 하지만 앞으로 이 노래를 부르는 기회도 없어질 것이다. 학생들이 그래도 앵콜을 하면 가사가 좋은 "가는 세월"을 지금까지 부르고 있다. 세월은 30년 넘게 지나가고 있는데 나의 노래는 변하지 않고 있다. 나의 노력이 부족해서인지 몰라도 나는 이 곡들이 너무나 좋다.

오늘의 목적지인 오르비고(Órbigo)까지는 24km이다. 순례길 중간중간에 마을들이 있어 지루하지 않게 가고 있는데 4시간 정도 가다가 비야르 데 마사리페 마을에 도착했다. 마을 입구에 있는 상징물에는 교회와 순례자들의 모습을 모자이크로 그려 놓았고 옆 잔디밭에는 반갑게 인사하는 순례자 모습의 조각물이 있어 아내와 같이 사진을 찍었다.

그리고는 어제 왼쪽 발에 물집이 생긴 것이 약간 부담스러워졌다. 아내도 발바닥이 달아오른다고 하고 이 군도 그렇고 특히 곽 양은 물집이 심해서 며칠을 쉬고 오는지라 다들 걱정이 된다. 다 온 것 같은데 아니다. "그 다음이 마을"이다 하면서 오후 1시 30분경에 알베르게에 도착했다.

접수를 하고 방 배정을 받는데 우리 부부와 이 군은 같은 방으로 곽 양은 다른 방으로 배정 되었다. 그런데 우리 방으로 배정된 곳은 좁은데다 일층과 이층이다. 관리인에게 부탁을 해보았지만 순서대로 갈 수밖에 없다고 한다. 조금 뒤에 곽 양이 와서 조용하게 자기 방으로 오라고 한다. 같은 식구끼리 있어도 좋다고 했다. 아마 같은 동양인끼리 있도록 배려해 주는 것 같다. 알베르게에도 예외는 있는가 보다.

샤워를 하고 점심을 하기 위하여 레스토랑에 갔는데 레스토랑 분위기가 좋아 보였다. 오늘의 메뉴(Menu del Dia)를 주문하자 옆에는 알베르게에서 접수를 받았던 신부님이 오셔서 늦은 점심을 한다. 식사를 마치고 마을 산책을 시작했다. 오스피탈 데 오르비고(Hospital de Órbigo)는 중세의 도시로서 마을에 들어서는 다리는 중세의 모습을 그대로 간직하고 있고, 그 다리 밑의 넓은 벌판은 평상시 캠핑장으로 사용하고 축제 때는 마상 경기장으로 사용한다. 영화에서 가끔 볼 수 있는 철갑옷과 철가면을 쓰고 긴 창을 들고 반대 방향에서 서로 말을 달려와 창으로 찌르는 경기를 하는 모습과 여명 속의 가로등이 이채롭게 보이는 중세의 모습이 이국적이다.

저녁에는 여러 가지 재료를 마트에서 구해서 해물, 고추, 양파, 감자 등을 넣어 야채전을 만들어 먹었다. 해외에서 먹는 최고의 우리 음식이었다.

너희들이 이 맛을 알아?

하면서 즐겁게, 매우 즐겁게 먹었다. 식사를 하면서 코리안 피자라고 외국인에게 맛을 보였더니

Good!

이라고 한다. 이 군은 꼭 알베르게의 분위기가 무교동의 파전집과 같다고 한다. 힘들었지만 저녁은 마냥 즐거웠다. 다시 만난 폴란드 부부가 기분이 좋은 것 같다. 보이지 않던 딸도 웃으면서 우리에게 아는 척을 한다. 그들에게는 딸이 있어 행복해 보였다.

★오스피탈 데 오르비고Hospital de Órbigo 풍경

아직 화가 풀리지 않았어요

호스피탈 데 오르비고 →

무리아스 데 리치발도(23.7km)

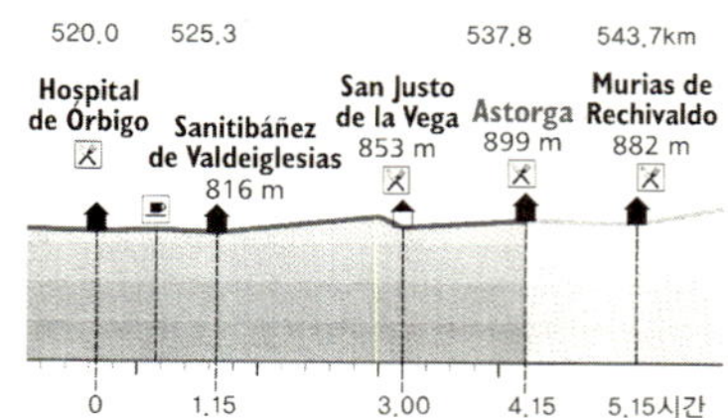

새벽에 아내가 나를 깨워 캄캄하다고 블라인드를 열어 달라고 하는데 방법을 잘 모르겠다. 화장실을 가려고 하였으나 너무 캄캄하여 답답했던 것 같다. 나를 깨워 블라인드를 열어달라고 하면서 약간의 다툼이 있었다. 다른 순례자들이 잠을 자고 있으므로 조용히 하라고 아내에게 짜증낸 것이 상처가 된 것 같다. 랜턴을 찾아서 화장실을 보내고 블라인드를 약간 열어 놓았는데 화장실에 가다가 아내의 랜턴이 꺼진 것 같다. 아내는 돌아와서 랜턴이 꺼졌다고 짜증을 낸다. 하지만 내가 불을 켜보니 랜턴 불이 들어온다. 나도 짜증을 냈고 나는 이내 잠이 들었지만 아마 아내는 잠을 못잔 것 같다. 아내는 불빛 하나 들어오지 않는 방에 있다 보니 폐쇄공포증이 일어날 것 같았다고 한다.

아침에 출발 기도를 하고 걷기 시작하는데 아내가

아직 화가 풀리지 않았어요

라고 한다. 나는 특별한 의미를 부여하지 않고 그냥 걸었는데, 아내는 새벽 일로 화가 난 것이 그대로인 것 같다. 나는 그런 사정을 몰랐다. 마음이 불편했다. 자식같은 애들과 같이 가고 있는데… 모른척 하고 간다. 해가 뜬다.

이런 저런 생각을 하면서 걷다 보니 시간이 금세 흘렀다. 오늘 걷는 길은 도로를 따라 가는 짧은 길 대신 조금 돌아가는 길이었다. 차가 다니지 않고 사람의 발길도 뜸해 고요하고 아늑한 길을 걸었다. 이제 메세타를 벗어났기에 초록 나무들이 드문드문 보여 눈을 즐겁게 하는 길이 되었다. 또 어느 순례자가 이곳에서 숨을 거두었나보다. 작은 기념비가 세워진 곳에 누군가 허수아비를 만들어 놓았다. 허수아비는 지나는 순례자의 발걸음을 잡았다. 길에서 죽음을 맞지 않으려면 쉬면서 쉬엄쉬엄 가라고 말하고 있는 것 같다. 언제부터인가 내게 걷는 일은 명상이자 나의 존재를 확인하는 방식이 되었다. 나는 내가 걷고 있을 때 살아 숨 쉬고 있음을 느낀다. 내 두발로 걸어서 세상을 열어 갈 때 그 길 위에서 만나는 것들은 전혀 다른 의미와 몸짓으로 내게 다가온다.

오늘은 하나님과 무슨 이야기를 할까. 많은 생각 중에 용서에 대해서 생각해 보았다.

용서가 왜 필요한가. 필요할까?

용서는 은혜가 주는 여유에서 나온다.

라고 한다. 하나님의 은혜란 우리의 악한 성향이 대항하는 성령의 능력이라고 한다. 지금까지 이렇게 생활을 하고 있었나. 내가 생각한 모든 것은 옳다고 믿었는가. 그래서 오해를 하고 믿지를 못하고 그러한 생각을 하지 않았는지 모르겠다.

용서는 말로 하는 것은 아니다. 말로는 "너를 용서한다" 하지만 마음속에선 미치도록 증오하고 미워한다면 그건 진정으로 용서한 것이 아니다. 용서가 필요한 것은 누구보다 본인 스스로를 위해서 필요한

저 멀리 아스토르가가 보이는 언덕에서 커다란 십자가(Cruceiro de Santo Toribio)에 기대 아내와 함께 사진을 찍었다. 작은 다툼 속에서도 십자가 앞에서는 화해할 수 있었다.

것이다. 누군가를 미워한다는 것은 그만큼 상처를 받았다는 것이고 또한 미운 감정이 지속되는 한 자신의 상처도 계속 아물지 않아 괴롭게 된다.

그래서 미움을 받는 사람보다 미워하는 사람이 더 괴로워하며 사는 것일 것이다. 용서를 하려면 그 사람이 왜 그럴 수밖에 없었는지를 이해하려는 노력을 먼저 해야 한다. 그 사람의 행동이

아 저사람 입장에서는 그럴 수밖에 없었겠구나.

혹은

그럴 수도 있겠구나.

싶은 마음이 들면 미움이 사라지게 되는 것이다.

아침 일로 아내의 마음이 불편한 것 같았지만 잊어버리고 커다란 십자가에서 둘이 밝게 웃으면서 사진을 찍었다. 언덕 아래로 천천히 내려가니 그 다음부터는 땡볕 아래 포장길인데 오늘 거리가 멀지 않음에도 상당히 피곤해지기 시작했다. 거의 다 와 가는데 도시 입구에 방직 공장 같은 곳을 지났다. 엄청난 소음과 먼지 그리고 이상한 왕파리떼들, 그런 괴로운 곳을 거의 반시간이나 걸어야 했다. 가까이 다가가니 아스토르가는 다시 언덕 위에 자리를 잡고 있었다. 언덕 오르기 전 넓은 공터의 야생 양귀비 밭이 붉은 비단 같이 펼쳐져 있어 한껏 경치를 자랑하고 있었다.

시내 광장에 들어와 커피를 한 잔하고 휴식을 취하고 있는데 "안녕하세요."를 잘 하는 퀘벡 아저씨가 인사를 했다. 조금 있으니 폴란드 부부와 딸, 슈잔 아줌마, 그리고 부르고스에서 빵을 먹으라고 권유했던 스페인 젊은 친구가 누나 같은 두 여인과 같이 와서 인사를 하고 나한테 이메일 주소를 알려줬다.

아스토르가는 아름답고 조그만 도시다. 도시 곳곳에는 고풍스럽고 아름다운 건물들이 가득했다. 가우디가 설계한 팔라시오 에피코스팔(Palacio Epicopal) 순례 박물관과 야고보 사도의 유물들을 보관한 가우디 박물관도 있었다. 마치 동화 속에 나오는 건물 같으면서도 환상적인 건물들이 많았다. 그 바로 앞에 자리 잡은 대성당의 웅장함이 내 앞에 나타났다. 대성당 앞에는 많은 순례자들이 여유롭게 차와 음료를 들면서 쉬고 있었다.

레온에서 본 카사 보티네스도 그렇고, 여기서 본 가우디의 건축물은 바르셀로나의 그것들과는 많이 달라 보인다. 바르셀로나의 건축물들은 가우디의 개성이 나타나지만 이곳의 건축물들은 의뢰자들이 주

아스토르가에서는 가우디의 건축물들을 상당수 볼 수 있다.
가우디의 건축물은 세계문화유산에 등재된 것이 세 개나 있을 정도로 건축사에서 최고의 평가를 받고 있다.

문에 자신의 특색을 살짝 덧붙인 듯한 느낌이다. 가우디가 설계하였으나 무슨 이유인지 주인인 대주교가 입주하지 않았기 때문에 가우디가 화가 나서 "아스토르가는 열기구를 타고도 지나가지 않겠다."고 해서 더 유명해졌다는 순례(카미노)박물관이 있다.

아내가 초콜릿 박물관에 가자고 해서 갔지만, 아내와 이 군만 안에 들어가고 나와 곽 양은 그냥 밖에서 기다렸다. 한참 후에 그들이 나오고서야 도시 외곽에 있는 중국집에 식사를 하러 갔다. 대성당 주변에 인포메이션 센터가 있어 중국 식당의 위치를 물어보니 친절하게 시내 지도에 중국집 위치를 표시해 준다. 시내를 다 벗어나는 지점에 위치한 치노 레스토랑에는 역시 우리가 유일한 손님이었다. 식사 중에 아내가 한 마디 한다.

어제 저녁에 내가 왜 이런 힘든 순례길을 왔는지 모르겠다. 한 숨도 못 잤다.

고 하였다. 또한 이런 고생을 하고 있는데 남편은 내게 무심한 것 같아 원망하였다고 한다. 얼마나 화가 나면 그랬을까. 순간적으로 화가 났지만 곽 양과 이 군이 함께 있어 와인을 몇 잔 마셨다. 계산을 하려고 일어서다가 다리가 다른 식탁에 부딪혔다. 이때 디카의 액정이 깨진 것도 모르고 있다가 마켓을 갔다가 오면서 얼마 전에 죽은 순례자 기념비가 있어 사진을 찍으려고 했는데 카메라 앞이 안 보인다. 사진을 찍지 못하고 말없이 그냥 따라 가는데 아내보다 내가 뒤로 처져가고 있다. 화도 나고 그렇게 나를 모르는가 싶어 서운했다.

나중에 보니 디카의 액정이 깨졌던 것이다. 이렇게 서로 마음이 상하고 있는데 무슨 사진이 나오겠는가 하는 생각이 든다. 결국, 나는 딸 주희한테 전화를 했다. 화가 날 때는 딸아이에게 전화하여 기분을 달랜다. 답답하다. 용서란 나 자신이 욕심을 버리는 것이다. 내가 욕심을 내니까 이런 생각이 드는 것 같다.

오후 3시경에 오늘의 목적지인 무리아스 데 레치발도(Murias de Rechivaldo)에 도착하여 공립 알베르게를 찾아갔으나 자원 봉사자도 없이 순례자 한사람이 쉬고 있었다. 자원 봉사자가 오후 5시경에 온다고 하면서 쉬고 있으라고 한다. 하지만 주방 시설도 없이 여러 가지로 부족해 보였다.

이 군이 다른 사설 알베르게를 찾아서 같이 그 곳으로 갔다. 이 군은 우리 부부가 뭔가 문제가 있는 것 같아 보였는지 화해하도록 노력한다.

늦게 한국 젊은이 세 명이 왔다. 각각 오다가 합류를 했다고 한다. 서울, 창원, 제주도 출신인데 매일 30~40km를 걸어 오고 있다고 한다. 젊음이 자산이다. 나도 한 때 저런 젊음이 있었을 것이다.

저녁을 간단하게 하고 일찍 잠자리에 들어갔으나 잠이 잘 오지 않는다. 그러나 잠들어야 내일 출발하기에 자려고 노력해야 한다.

Day 23 (7. 13)

나무 십자가를 만들다

무리•아스 데 리치발도 →

엘 •아세보(33.2km)

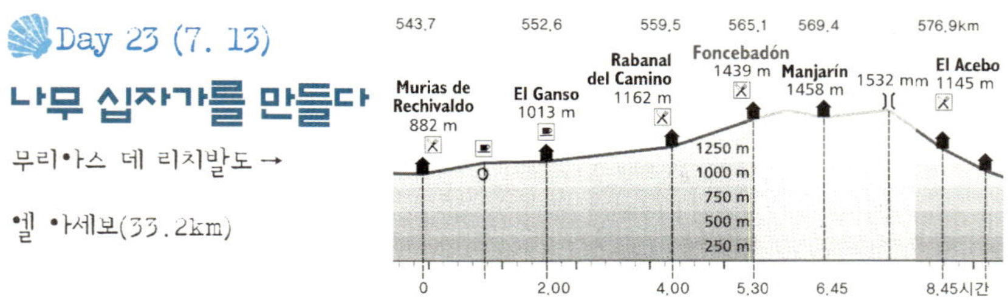

오늘 날씨도 좋긴 한데, 바람이 몹시 불어와서 춥기까지 했다. 그래도 주위에 산이 있어 걷기에는 좋은 환경이다. 전형적인 시골 마을 분위기까지 더해져서 마음도 가벼울 것 같았다. 어제의 산만한 감정을 벗어버린 채 지금은 많이 좋아졌다. 가급적 내색을 하지 않으려고 노력하면서 순례길의 주제곡인 '거기 너 있었는가'를 몇 차례 부르며 생각을 정리하면서 걸어간다.

내가 처음에 800km를 걸어가는 것이 꿈이라고 했던 것이 현실로 다가오고 있는 느낌이다. 며칠이면 산티아고에 도착할 것 같다. 그러면 어떻게 할 것인가. 그 다음 꿈은 어떻게 정리할까. 새로운 꿈을 갖는 것이다. 800km의 상징성을 갖고 우리가 무엇이든 할 수 있다는 자신감과 가능성을 갖는 것이다. 800km의 상징은 무엇일까. 새로운 꿈이며 시작을 의미한다.

오늘은 산길이 많았다. 길은 한적한 시골길로 이어졌고 전원 풍경 역시 아름다웠다. 하지만 계속 길을 걷다 보니 점점 산길로 접어들면

순례자들이 철조망에 나무로 십자가를 만들어 달아놓은 것을 보며 우리 부부도 이곳에 십자가를 만들어 매달아 보았다.

서 아내도 힘들어 했다. 아침 출발이 늦었지만 7시 40분경에는 소모나(Somoza) 마을에 도착할 수 있었고, 바(Bar)에서 아침 식사를 할 수 있었다. 오늘따라 유난히 태양볕이 뜨겁다. 하늘은 구름 한 점 없는 화창한 날씨지만, 뜨거운 태양이 너무 거슬렸다. 다행히 가는 도중에 샘물을 만났는데, 그 곳은 물만 나오는 곳이 아니라 마치 욕조처럼 돌로 커다란 통을 만들어 그 곳을 채우고, 또 물이 흘러나가게 만들어 놓았다. 물도 마시고 물통도 시원한 물로 다시 채웠다. 내리쬐는 태양이 제법 몸을 달구면서 힘들게 했지만 고도가 높아질수록 경치는 정말 아름답다 못해 경이로웠다. 지형 탓에 키가 큰 나무는 자라지 못하는지 볼 수가 없고, 고작 무릎 높이 아니면 허리 정도까지의 관목들이 대부분이었다. 그리고 떨기나무 숲이 있고 그 사이로 길은 한없이 뻗어 있었다. 산길에 농장에서 쳐 놓은 쇠 그물망에 많은 순례자들이 십자가를 만들어 놓았다. 우리 부부도 각각 십자가를 만들어 그 곳에 걸어 두었다. 많은 순례자들이 각각의 소원을 빌었을 것인데 우리도 마찬가지로 잠깐의 기도로 대신했다. 중요한 기도 제목 중의 하나인 자녀들의 건강과 직장 그리고 결혼 등의 내용으로…

순례자들이 걸쳐 놓은 십자가는 나무를 꺾어 만들어 놓은 것도 있고, 재치 있게 철 그물망에 하얀 비닐을 감아 십자가를 만든 것도 있었다. 그 많은 십자가가 있지만 같은 것은 하나도 없다. 다 각각이다. 우리의 마음도 마찬가지일 것이다. 또한 각각의 기도도 다를 것이다.

곽 양에게 오늘부터는 사진을 부탁했다. 나의 디카는 액정이 깨져서 구도를 잡을 수가 없어 사용할 수가 없었다.

미안하지만 산티아고까지 같이 가야 할 것 같다.

고 말했다. 착한 곽 양은

그렇게 하겠다.

고 대답을 한다. 감사한 일이다.

슬슬 혼세바동(Foncebadón)에 들어섰다. 이미 허물어진 돌집과 절반 이상이 허물어져 괴기스러운 집, 형태는 유지하고 있으나 살짝 건들기만 해도 와르르 무너져 내릴 듯한 집들 사이로 고양이와 개들의 낮잠만 늘어졌다. 아름다운 산등성이에 흩어진 폐허를 보는 마음이 아프다. 그나저나 오늘따라 아내와 곽 양이 매우 잘 걷는다. 하지만 이 군은 무릎이 아프다고 힘들어 한다. 산길에 자갈이 많아서 그런지 아내가 잘 걷긴 하지만 조금은 걱정이 된다.

혼세바동에서 2km 정도 오르자, 크루스 데 히에로(Cruz de Hierro)가 나왔다. 아이라고산(Irago)의 커다란 나무 기둥위에 올려진 철 십자가의 이름이다. 산꼭대기에 우뚝 솟은 크루스 데 히에로는 보기에는 그다지 멋지지는 않았다.

사실 이 돌무덤의 역사는 매우 깊다. 고대 켈트인들이 이 길을 오르내리며 돌무덤으로 산신께 소원을 빌었는데 이후, 로마인들도 이정표

LEKI

의 신이며, 여행자의 수호신인 머큐리에게 소원을 빌면서 돌을 놓았다. 훗날 가우셀모 수도사가 이곳에 십자가를 세워 이교도 기념물을 가톨릭의 형태로 바꾸어 놓고서 지금에 이르고 있다.

지금은 전 세계에서 모이는 순례자들이 그들의 고향, 혹은 이곳 어딘가에서 수집한 돌에 특별한 소원이나 의미를 부여해 이곳에 올려놓고 간다고 한다.

당시 우리 부부는 그 유래를 알지 못해서 준비해오지 못했지만 곽양은 고향인 진주에서 돌을 가져와서 그 돌에 몇 가지 자기의 소원을 적어 십자가 기둥 밑에 놓고 기원을 했다고 한다.

힘들어 하면서도 중세시대 알베르게가 있었다는 만하린(Manjarín)에 도착했는데 그냥 쓰러져가는 판잣집이었다. 샤워장도 없고, 화장실도 문제가 있었는데, 그럼에도 불구하고, 중세시대 순례자들의 숙소 분위기를 느낄 수 있는 곳이라고 하여 찾아오는 사람들도 있다고 한다. 또 안에서는 여러 가지 물건들도 팔고 있었다. 특별한 것은 이곳으로부터의 거리들이 적혀 있었는데 예루살렘까지 5,000km, 멕시코 9,376km, 그리고 산티아고까지는 222km가 남아있었다. 생각해보니 지금까지 23일 동안 578km를 걸었다. 참 대단한 일이다.

만하린을 지나자 이내 급경사의 내리막이다. 건조한 흙과 모래 그리고 돌로 된 산이라 올라갈 때보다 내려갈 때 더 많은 주의가 필요했다. 특히나 우려했던 대로 아내와 곽 양 그리고 이 군 모두 다리가 불편했다. 내려가는 길이라 더 걱정이 됐다.

다시 산길을 따라 무작정 앞으로 향하는데, 아직 엘 아세보(El Acebo)까지는 6km가 남아있다. 평소 같으면 한 시간 반 거리인데 가도가도 끝이 없었다. 그 즈음에 정읍에서 LG전자 프라자를 운영하는 동생(김연훈)으로부터 전화가 걸려 왔다. 반가운 목소리였다. 이런 저런 이야기들로 통화를 마쳤다. 그는 언제나 자상하고 배려가 많은 동생이다. 운영하고 있는 회사가 더욱더 발전하였으면 한다. 시골에 계신 작은 어머님, 당숙 등 모든 친척들의 건강과 행복을 기도한다.

얼마 동안 힘든 발걸음을 옮기자 오늘의 숙소이자 해발 1,200m에 위치한 산동네인 엘 아세보가 보였다. 어떤 순례자는 이곳 마을을 설악동과 비슷하다고 설명했는데 과연 마을의 정경이 그림처럼 아름다웠다.

오늘은 정말 힘든 일정이었다. 36km를 산길을 따라 걸어서 무척이나 피곤했고 아직도 태양은 쨍쨍하고 무더웠다. 오후 3시 40분에 겨우 마을에 도착했다. 어제 산 홍합과 버섯이 배낭 속에 있어 요리하려고 주방 시설이 있는 알베르게에 가보니 이미 만원이다. 우리가 너무 늦게 도착한 것 같다. 다른 알베르게를 찾았으나 그곳에는 주방 시설이 없어 할 수 없이 바(Bar)가 딸린 이층으로 된 알베르게에 짐을 풀었다. 몸을 씻고 나니 이번에는 허기가 몰려왔다. 알베르게와 같이 있는 레스토랑에 갔더니 여덟 시가 넘어야 먹을 수 있다고 했다. 지금 시각은 6시 30분, 1시간 30분을 기다릴 수밖에 없다. 마을을 산책하고 일기를 쓰면서 남은 시간을 보냈다.

감사한 사람들

엘 아세보 → 카카벨로스(33.6km)

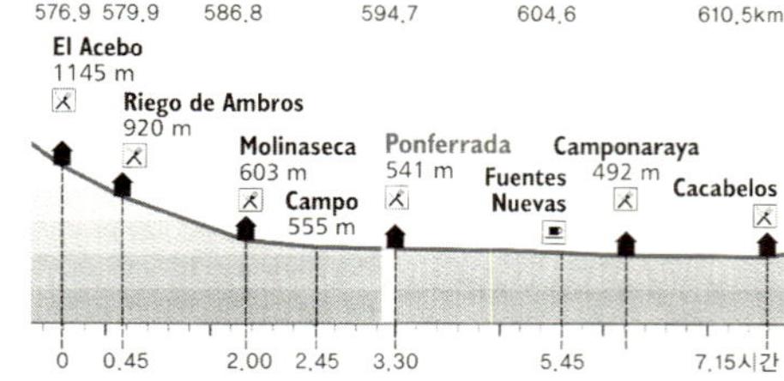

잠을 편히 잤다. 작은 알베르게 숙소지만 잘 적응되어 가고 있다. 새벽은 춥지만 기분이 상쾌하다. 해발 1,505m를 넘어 36km를 걸어 왔으니 피곤했을 것이다. 오늘은 하산길이지만 자갈과 경사가 있어서 더욱더 조심스럽게 걸어야 했다. 정말 조심스럽게 내려오고 있다. 곽양도 출발 기도에 잘 적응해줘서 감사했다. 이야기를 할수록 정도 있고 책임감 높은 여성이었다. 발에 물집 생긴 것이 완전히 낫지 않아 어제는 걱정을 했다. 산이 높아 일출을 기대했지만 산들이 겹겹이 쌓여 있어서 일출을 못 본 것이 내내 아쉬웠다.

내려가면서 산 아래로 펼쳐진 몰리나세카(Molinaseca)라는 마을을 지나쳤는데 꽤 운치 있는 예쁜 마을이었다. 역시 산과 강이 있는 마을은 정감이 있어서 좋은 느낌을 갖는다.

어제 일정을 보면 오늘은 폰페라다(Ponferrada)에 알베르게를 정하려고 했는데 너무 잘들 걸어서 11시 30분에 도착했다. 폰페라다는 옛날 고대부터 켈트족이 살았던 마을이 있던 오래된 도시다. 광산이 가까이 있었던 덕분에 로마제국시대 때부터 큰 도시로 성장을 할 수 있었다. 폰페라다는 5세기에 고트족에 의해서, 9세기에는 이슬람의 모어족에 의해서 철저히 파괴가 되었지만 19세기에 이르러 철도의 개통과 탄광 개발로 다시 번창을 하고 있다. 도시 이름의 유래는 중세시대에 순례자들을 위해 이 지역을 흐르는 강에 다리를 놓았는데 그 다리 난간을 철로 만들어서 다리명이 철의 다리를 의미하는 폰페라

다라고 이름 붙여졌고 그 후에 그것이 도시의 이름이 되었다고 한다. 이곳에 들러 대표적인 성벽 카스티오 데 로스 템플라리오스(Castillo de los Templarios)를 둘러보고 성벽 앞 슈퍼에서 아이스크림을 먹으니 꿀맛이 따로 없다.

아름다운 옛날 모습 그대로를 간직하고 있는 구 도시를 통과하여 신도시에 들어 왔다. 맥도날드 햄버거 광고를 본 아내는 이것으로 점심을 해결하자고 한다. 30여 분을 물어물어 외곽에 있는 햄버거 집에 도착했는데 시간이 12시다. 문이 닫혀있다. 낙심을 하였으나 조금 있으니 불이 켜지고 일하는 여직원이 보인다. 문을 두드려 식사를 할 수 있느냐고 물어본즉 가능하다고 한다. 문을 열어주어 짐을 풀고 더위도 식히면서 맛있게 점심을 해결했다.

일정을 수정해서 카카벨로스(Cacabelos)까지 가기로 했다. 34km나

폰페라다는 템플기사단의 본거지 중 하나로도 매우 유명하다.
당시에 지어진 성채들이 위풍당당한 모습을 자랑하고 있다.

된다. 걱정은 되지만 의외로 잘들 걸어서 괜찮을 것 같았다.

밖의 온도는 36도를 넘고 있다. 무더운 날씨이다. 하늘에 구름 한 점 없는 전형적인 스페인의 폭염이 계속되었고 하염없이 지루한 길이 이어졌다. 아스팔트 포장도로가 끝나고 포도밭으로 접어드는데 이정표는 보이지 않고 포도밭 주인이 손수 만들어 놓은 표시가 가끔 나타날 뿐이다. 포도밭이 끝나자 다시 아스팔트 길이 나온다. 아스팔트의 열기로 너무나 덥고 지친다.

힘을 내 도착한 카카벨로스는 꽤 커다란 마을인데 무척이나 황폐해 있다. 거리에 빈집들이 늘어서 있는 것 같았다. 물어물어 알베르게를 찾아보니 다리를 건너면 나온다고 한다.

낡은 수도원 마당을 빙 돌아가며 숙소를 만들어 놓았는데 방 하나가 2인실이다. 모처럼 편하게 쉴 수 있는 2인실이다. 옆방의 소리는 다 들린다. 천장은 터져 있어 하늘 지붕이 따로 없었다.

짐정리를 하고 샤워를 한 후 쇼핑에 나섰다. 여기저기 물어서 슈퍼를 찾았는데 의외로 규모가 큰 슈퍼여서 먹고 싶은 것들을 다 집어 들 수 있었다. 그리고 돌아와 보니 한국 젊은이 세 명과 여학생도 도착해 있었다. 젊은이들끼리 쉬 의기투합하는 모습을 보니 갑자기 옛 친구들의 모습이 아른거렸다.

나는 어릴적부터 많은 친구들에게 많은 사랑을 받은 것 같다. 초등학교 친구인 홍순택 사장은 서로 집을 번갈아 가며 같이 잠을 자고 많은 이야기를 나누던 친구이다. 나중에 서울에서 대학교를 다닐 때까지도 그렇게 지냈기 때문에, 몇 년 전에는 부족하지만 그의 아들 주례까지 선 일이 있다. 참 감사한 친구이다.

중학교 친구 중에는 유유종 친구가 있다. 요즘은 자주 못 만나지만 어릴 적에는 친하게 지냈던 친구이다. 자주 안보니까 멀어지는 것 같다. 마음은 항상 같이 있는데 말이다. 보고 싶다.

내 인생에 그래도 가장 많은 영향을 준 친구들은 NWG(Nine Wild Geese)모임이다. 고등학교 2학년 때(1967년) 만들었으니까 40년 이상이 되었다. 정말 형제 같은 친구들이다. 이미 고인이 된 이인수 하나은행 부행장, 그리고 지금 함께하는 이용재 다산 일렉트론 사장, 이형주 한의학 연구원장, 김홍두 동물병원장, 유성수 전주유씨종중 이사장, 김만규 한국투자증권 감사, 김균석 혈액원장, 이봉선 공정거래위원회 사무소장이다. 특히 이용재 사장은 친구들 일이라면 모든 것을 희생하면서 돕고 배려를 하는 감사한 친구이다. 대학친구 윤재만과 김영대는 연락이 끊어져 안타깝다. 정말 보고 싶은 친구들인데….

대학교를 다니면서 만들었던 행송회, 성대 통계학과 동창회, 성대 통계학과 교수회가 있다.

직장 생활을 전주에서 하면서도 많은 모임을 갖게 된다. 고등학교 동창이면서 교직 생활을 하고 있는 교송회, 등산모임인 산들레와 일월 더불어, 포시즌 모임, 학교에서의 모임인 천잠회, 함께 있으면 좋은 사람들, 파울로 모임 등이 있다.

아내 모임으로 만나는 사람들도 있다. 메아리와 다비다 모임이다. 최근엔 나이가 들어서 J&J모임, 문화의 달 모임을 만들었다. 모두 부부모임이다.

그 외 모임은 하지 않지만 그래도 자주 만나는 친구들, 학교에 있는 선배, 동료 그리고 후배교수님들, 그리고 29년간 가르쳤던 통계학과 졸업생들인 1,200여 명이 유난히 마음에 걸린다. 앞으로 졸업생이 배출되지 않기 때문이다. 졸업생들의 사진들을 보면 그때의 기억들이 나를 감동시킨다. 그때 그런 일이 있었구나!

모두 감사한 사람들이다. 언제나 같이 하고픈 사람들이다. 모두에게 건강하고 아름답고 행복하게 같이 하였으면 한다.

이제는 이토록 받은 은혜와 감사를 빚으로 알고 앞으로의 삶을 살고 싶다. 사랑과 배려와 나눔으로 말이다.

무엇을 담고 갈까

카카벨로스 → 베가 데 발카르세(26km)

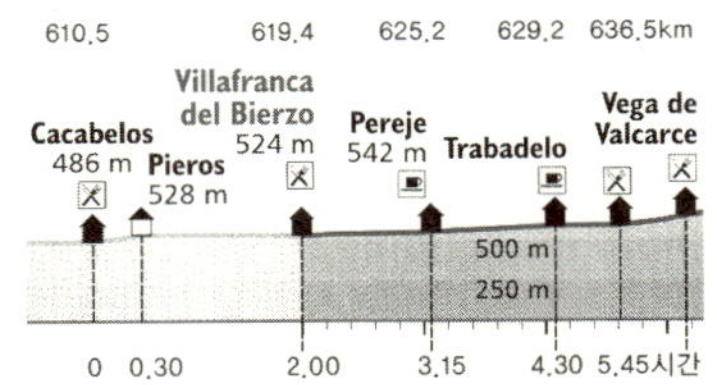

이틀 동안 65km를 걷다보니 너무 힘이 들어 오늘은 8시가 되어서야 출발할 수 있었다. 가기 전에 부모님과 형제들 그리고 가족에 대한 기도를 하고 출발하고자 하였다. 이때가 언제나 은혜롭고 감사한 시간이다. 네 명이 손을 붙들고 눈을 감고 감사와 은혜의 기도를 드린다.

산길 따라 오르막이 있어 약간 힘에 겨웠다. 분위기가 무주 구천동의 백련사를 걷는 느낌이 들었는데 많은 물들이 계곡을 따라 흘러 내려오고 있었다. 산티아고까지 8일 정도 남았다. 630km를 걷는 동안 많은 생각과 기도를 했다. 이 길에서 무엇을 얻을 수 있을까. 무엇을 담고 갈까.

어느 정도 정리를 하면서 걷고 있지만 그래도 산만하다. 깊은 산속에 들어가 기도하는 것과는 달리, 순례자들이 앞서거니 뒤서거니 하다 보면 그들을 생각하느라 집중이 안 될 때가 많다.

앞으로 20년을 생각해 보면 많은 것을 상상할 수 있다. 지난 60년 동안 산 경험을 다시 생각한다면 답이 나온다. 그러나 그렇게 살 수는 없지 않은가. 새로운 비전을 계획하고 이를 실행하기 위한 용기와 믿음이 준비되어야 한다. 또한, 정신과 체력이 갖춰져야 한다. 건강해야 길지 않은 인생을 보람차게 보낼 수 있지 않겠는가.

카카벨로스에서 비야프랑카 델 비에르소(Villafranca del Bierzo)까지 8km라고 되어 있는데 아무리 가도 비야프랑카는 보이지 않는다. 언

높디높은 고원을 걸으면서 눈부시게 푸른 하늘에 내 온몸을 담가본다.
하나님의 나라가 지금 눈앞에 펼쳐진다면 바로 지금의 모습과 같지 않을까 하는 생각을 한다.

덕을 하나하나 넘을 때마다 보일 거라는 소리를 몇 번이나 했는지 모르겠다. 어제까지 무리해서 그런 것 같다. 드디어 내리막 쪽에 비야프랑카가 보였다. 비야프랑카는 그다지 큰 마을은 아니지만 성당들이 있는 고풍스런 마을이었다.

자갈이 반질반질하게 닳은 길과 운치있는 집들이 늘어선 골목이 아름답다. 이 마을에는 유명한 산티아고 성당의 축소판격인 이글레시아 데 산티아고 성당이 있다. 이 성당의 북쪽으로 나있는 문이 용서의 문이라고 하는데, 중세 시대에 누군가가 산티아고를 향하다가 몸이 아프고 쇠약한 순례자들이 계속 순례할 수 없을 지경에 이르렀을 때 이 문을 통과하면 산티아고 성당에 도착한 것과 같은 자격을 주어 산티아고까지 순례를 마친 것과 똑같은 은혜를 입는 것으로 인정했다고 한다. 정면 장식의 기둥머리에 새겨진 그리스도 생애나 3인의 동방박사, 아키볼트에 새겨진 승리의 그리스도와 제자들 등의 조각이 매우 흥미로웠다.

커피를 마시기 위해 광장에서 기다리고 있는데 카미노 패밀리(아내, 곽영혜, 이장형)가 10분이 지나도 나타나지 않았다. 조금 뒤에 곽양으로 부터 전화가 와서 카미노 패밀리는 나와는 다른 길로 갔고, 자기들은 이미 마을을 지났다고 한다. 할 수 없이 더 걸어 마을 어귀에 가니 그들이 나를 기다리고 있었다. 지금까지 첫 번째 실수다. 내

청명한 하늘아래 잘 어우러지는 고원의 십자가

가 내 생각에 빠져 뒤에 오는 아내를 신경 쓰지 못해서 생긴 일이다. 당연히 산티아고 이정표를 보고 올 줄 알았기 때문이다. 하지만 시내에는 다른 이정표가 있었던 것 같다.

다시 합류해서 가는데 도로변에 많은 물이 흐르고 있어 밀밭 밖에 없었던 평원보다는 한결 좋았다. 왠지 산속에 들어와 산행하는 것 같았다.

마을을 지나가는데 순례자 동상이 있다. 산티아고까지 190km 남았고 생장피드포르까지는 610km를 걸어 왔다는 이정표가 있다. 또한 순례자 동상과 함께 마을 길가에 꿀을 내리는 짚으로 만든 꿀통이 만들어져 있는 것이 정다웠다.

늦게 출발해서 그런지 12시가 넘어가니 몹시 더웠다. 덥더라도 바람이 불어야 하는데 바람도 한 점 없었다. 다행히 그늘이 군데군데 있어 그 쪽으로 가면 시원한 느낌이 들었다.

오늘은 숙소인 베가 데 발카르세(Vega de Valcarce)에 2시 30분에 도착했다. 출발이 늦은 만큼 조금은 늦은 시간에 당도한 것이다. 마을 입구에 있는 브라질 알베르게에 들어갔는데 부엌이 없어서 순례증서에 도장만 찍고 나왔다. 마을 위쪽으로 와서 공립 알베르게에 등록을 마치고 방을 정했다. 원래는 점심식사를 스파게티로 계획하였으나 너무 늦게 도착해서 레스토랑에 가서 식사를 하기로 결정했다. 식사 메뉴를 정할 때마다 힘들다. 주 메뉴로 치킨을 시켜 먹었으나 양이 많아 오늘 저녁에 닭죽을 하기로 하여 남은 치킨을 싸서 가져왔다. 생각해보니 한국은 초복인데 닭죽으로 복달임을 스페인 베가 마을에서 멋지게 할 수 있어서 좋았다.

이 마을의 분위기는 설악동 분위기처럼 아름답고 깨끗했다. 깊은 산속에 있는 전원 마을로 물가에 아내와 같이 가서 발을 물속에 담그니 엄청 시원했다. 무주 구천동의 물처럼 매우 찼다. 모처럼 아내와 같이 먼 이국나라에 피서 온 것처럼 분위기를 내보았다. 그 곳 젊은 이들이 물가에서 다이빙하고 물장난하는 모습이 보였다.

며칠 만에 씩씩하고 배려심 많고 인사성이 좋았던 스페인 친구가 와서 반갑게 인사했다. 그는 인사할 때 절도 있게 그리고 Sir(선생님)를 꼭 붙였다. 그리고 언제나 그의 주위에는 사람들이 있었다. 오늘도 와인 2병, 빵과 과일을 가지고 저녁을 먹는 그를 보고 있으니 정말 즐겁게 사는 사람이라는 생각이 든다. 수도사 신부님이 늦게나마 자리에 오셨다. 나이가 나보다 훨씬 많은 것 같은데도 어렵지 않게 주변 사람들과 친해져갔다. 신부님은 새벽 일찍 남보다 먼저 출발하시고 천천히 걸어서 목적지에 도착하신다. 언제나 나처럼 지도를 보면서 순례일기를 쓰고 있었다. 말씀이 별로 없고 눈인사와 손짓 그리고 미소를 짓는다.

숙소 침상에는 젊은 남녀가 서로 떨어져 있기가 아쉬운지 같이 누워 있었다. 서로 말을 하고 뽀뽀도 하면서 즐거워하는데, 우리의 시선을 전혀 의식하지 않았다. 내일 일찍 출발하기 위하여 배낭을 거의 다 준비해 놓고 침낭 속에 들어갔다.

Day 26 (7. 16)

고향의 냄새는 향기롭다

베가 데 발카르세 → 폰프리아(24.6km)

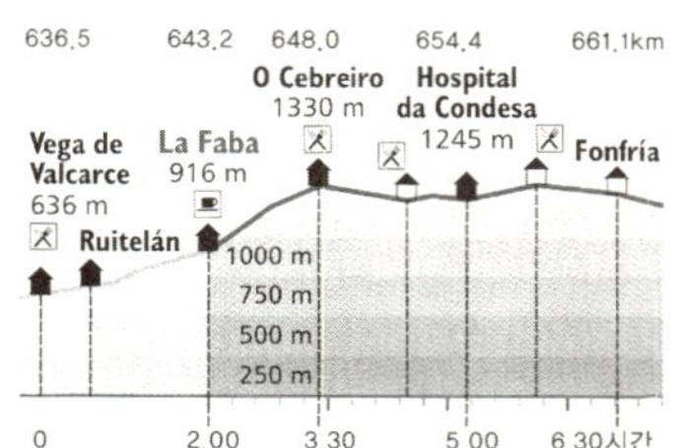

오늘 우리를 기다리는 것은 순례길의 세 번째이자 마지막으로 높은 산이었다. 해발 1,400m의 오 세브레이로(O Cebreiro)를 거쳐 다시 내려가고 올라가고를 서너 번 반복하다가 다시 1,400m의 알토 데 뽀요까지 그리고 다시 조금 내려가서 폰프리아(Fonfría)에 있는 알베르게까지 24.6km의 여정이 오늘 가야 할 거리다.

설악동 분위기에 무주 구천동 계곡같은 순례길은 너무나 맑은 물 그리고 물소리, 새소리가 잘 어울리는 길이었다. 무리할 것 없이 천천히 경치를 감상하며 올라갔다. 한참을 가다가 드디어 산속으로 들어가게 되었다. 여기까지는 좋았다. 뒤를 돌아보면 베가 마을이 깊은 산속의 전원도시와 같고, 꽃도 많이 피어 있었으며 양과 소가 맑은 방울 소리를 내면서 아침 식사를 하고 있었다. 이 거대한 목장이 산으로 에워 쌓여 있는 풍경이 정말 기분을 새롭게 만들어 주어서 오늘은 거뜬하게 일정을 마칠 수 있을 것만 같았다. 그러나 한 시간이 지나자 문제가 시작되었다.

자칫하면 고산병에 시달릴 수 있을 정도로 높은 고원지대를 지나갈 때 정말 힘이 들었다.

오르막길에 힘들어하며 가고 있는데 보이는 것은 오직 소의 배설물뿐이었고 이것은 장난이 아니었다. 숨을 쉬기가 불편할 정도로 역한 냄새가 온 길가에 가득했다. 가고 가도 계속이다. 이렇게 해발 600m에서 1,310m인 오 세브레이로까지 배설물이 널려 있었고 그 냄새란 참 고약했다. 눈을 들어 멀리 보면 아름다운 산과 산이 겹겹이 둘러싸여 있는데 말이다.

꽤 고약한 오르막길이 끝나면서 드디어 갈리시아(Galicia)주 경계표시가 나타나서 사진을 찍었다. 이곳 갈리시아 지방은 항상 비가 내린다 하여 걱정을 했었지만 지금까지 비를 한 번도 맞지 않았다. 우리 여정 중에 내려주신 하나님의 축복으로 더욱 감사한 일이다. 조금 더 가니 오 세브레이로가 나왔다. 관광지로도 유명한 산꼭대기의 마을이다. 지금까지 지나온 마을과는 달리 관광지처럼 사람들이 꽤 있었다. 많은 사람들이 이곳에 자동차로 올라와 산꼭대기에 있는 십자가 앞에서 사진을 찍는데 바람이 매우 강해서 추웠다. 옆을 보니 야고보 동상이 있었고 유럽지도가 동판에 새겨져 있는데, 전 유럽에서 산티아고를 향하는 길을 표시해 놓았다.

특히 이곳은 성배의 전설로 유명한 산타마리아 성당이 있었다. 로마네스크 양식의 원래 교회가 있던 터에 1960년대에 새로 지은 건물이다. 조그맣고 평범해 보이는 이 교회에는 아주 재미있는 전설이 내려오고 있는데, 최후의 만찬 때 쓰여진 성배가 이곳에 보관되어 있었다고 한다. 이 성배는 인디아나 존스의 영화로도 유명하다.

전설에 의하면 14세기 어느 날, 먼 곳에서 한 농부가 모진 비바람을 뚫고 높은 산 속에 있는 미사에 참석을 하기 위하여 올라왔다. 비와 추위에 덜덜 떨면서 들어오는 농부를 보고 신부가 이렇게 말했다. "겨우 빵 한조각과 포도주 한 모금을 위해서 이 날씨에 이곳까지 오다니…" 바로 그 순간 한 조각의 빵이 예수님의 살로 변하고, 성배 안의 포도주가 피로 변하는 기적이 일어났고, 또 그 기적을 잘 보려고 성당 안의 마리아 상이 고개를 기울이는 또 다른 기적이 연달아 일어났다고 한다. 그 성배는 어디로 갔는지 지금 이 곳에는 복제품만 있고, 빵과 포도주가 변한 예수님의 살과 피는 이사벨 여왕이 보내준 은제 성물함에 담겨져 지금도 보관되어 내려온다고 한다.

전설의 진위를 떠나 이 산꼭대기의 산타마리아 성당은 항상 수많은 관광객들과 순례객들의 참배가 끊이지 않는 곳이다. 성배가 놓여 있던 자리에는 복제품이 있지만, 이곳에 들르는 모든 사람들의 카메라에 담겨져 전 세계 구석구석으로 전설이 퍼지고 있었다.

해발 1,270m에서 야고보 동상과 함께 사진을 찍었다. 야고보 사도는 안개비 속에 젖어서 비바람에 날릴까 한 손으로 모자를 눌러쓰고 피곤하지만 꿋꿋한 모습으로 서 있었다.

높은 고원지대에서 만난 야고보 동상을 바라보며 이곳에서 찾아 헤매던 목적지에 다다르고 있다는 느낌을 실감한다.

이후, 분명히 노란 화살표를 따라서 왔는데 찻길에 들어서게 되었다. 뒤에도 몇 명이 오고 있으니 설마 길을 잃기야 하랴 생각하고 길 따라 무작정 내려갔다. 다행스럽게도 순례자 길과 만날 수 있었다.

길 옆에서 한 농부가 밭을 갈고 있었는데 말을

이곳에서는 소가 아닌 말로 밭을 가는 색다른 모습을 볼 수 있다.

이용하고 있었다. 또한 거대한 밀밭에는 허수아비가 없는 반면 밭에는 허수아비가 있는데 이유는 알 수가 없다.

올라오면서 땀이 배였던 티셔츠에 땀이 식는다. 바람이 불기 때문이다. 오늘부터는 비가 자주 온다는 갈리시아 지방에 들어섰다. 앞으로의 순례길은 6일 정도 되는데 비가 오지 않았으면 한다. 함께 가던 이 군이 먼저 산티아고에 가서 피스테라에서 만나자고 하면서 먼저 앞서 가겠다고 한다. 아마 나머지 일정을 고려해서 결정한 것 같다. 우리에게 많은 행복을 준 학생이다. 특히 아내에게 아들처럼 잘해 주어서 너무 감사했다.

다시 가파른 오르막이 시작되었다. 오늘의 마지막 오르막길 같은데 하면서 걸어가는데 갑자기 오르막길이 끝나면서 해발 1,335m의 알토 데 뽀요(Alto de Poio)가 나타난다. 이곳에는 조그만 바(Bar) 레스토랑이 있었다. 폰프리아까지 가는 5km의 길은 완만한 내리막길이어서 흥얼거리면서 내려갔다.

오늘도 25km를 걸어 숙소인 폰프리아에 도착했다. 마을은 냄새가 많이 났지만 알베르게 안에는 냄새가 나지 않아 다행이었다. 그런데 웬 파리가 그렇게 많은지 성가셨다. 아내는 며칠 전부터 빈대, 모기와 전쟁 중이었다. 온몸에 물린 자국이 있다. 가려워서 계속 고생이다. 남자인 나는 물지 않는다. 벌레들이 여자만을 좋아하는지(?).

오늘의 알베르게는 해발 1,280m에 있는 아름다운 곳이다. 안에서 밖을 보면 멀리 울창한 산이 아름답게 앞에 펼쳐져 있었고 옆 카세트에서 들리는 음악소리는 아름다웠다. 오랜만에 들어보는 소리였다. 휴게실이 아늑하고 정갈하게 되어 있어 순례자들이 책을 보면서 휴식을 취하고 있다. 방명록을 들춰보는데, 고우석·전양자 할아버지 부부의 이야기를 보게 되었다. 우리 부부도 할 수 있을까 반문해 본다. 칠순을 맞아 산악 마라톤과 섬진강 둘레 270km를 완주하고 이곳에 오셨다고 한다. 무사히 산티아고까지 성공하고 행복한 노후를 보내시기를 기원해 본다. 이 부부가 자신들의 기록을 경신해 달라는 희망을 우리 부부가 이루는 것이 가능할까. 12년 후에 말이다.

8시 저녁 식사시간이 되었다. 식사는 이곳이 아닌 뒤의 찻길 건너 다른 건물이었는데 완전한 레스토랑으로 아름답게 지어진 건물이다. 그날 저녁은 숙박하는 사람들이 거의 다 모여 30명 정도 되었다. 식탁을 일렬로 죽 붙여서 15명씩 마주 앉았기에 마치 가족들과 친지들이 모여서 파티를 하는 장면 같았다. 다 같이 물과 포도주를 따라서 건배하고 빵과 갈리시아 스프, 그리고 양념을 한 소스를 얹어 나오는 푹 끓인 소고기, 무한정의 와인. 완전히 파티 분위기다. 그러면서 계속 음식과 와인을 더해주었다.

아무리 편하고 좋은 분위기의 파티라도 모두들 순례자, 몸도 피곤하고 내일 새벽이면 또 먼 길을 떠나야 하는 사람들이었기에 과함이 있을 수가 없고, 또 그런 생활이 몸에 배어 있었다. 그래서 9시가 되자 누가 뭐라고 할 것도 없이 모두 자리에서 일어나 숙소로 돌아갔다. 오랜만에 편안하고 풍부하고 맛있는 저녁식사를 하였다. 그리고 편안한 잠자리에 들었다.

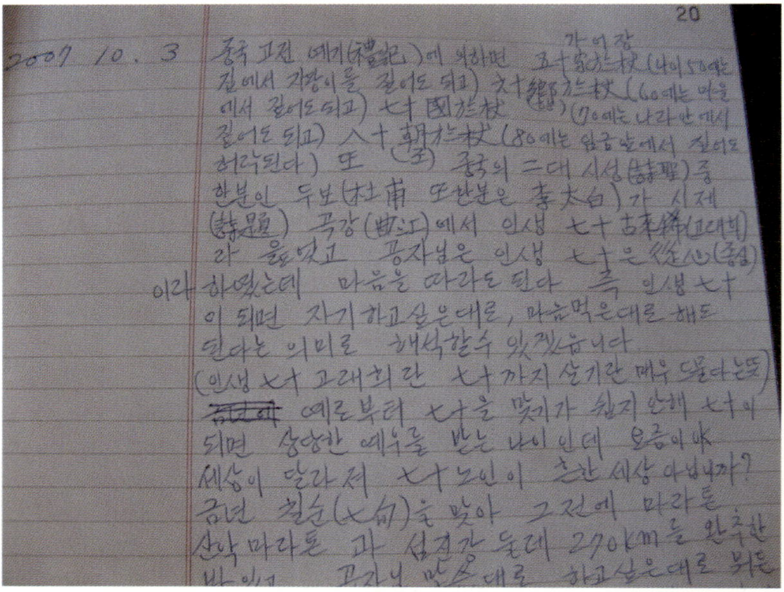
20

2007. 10. 3

중국 고전 예기(禮記)에 의하면 五十家於杖(나이 50에는 집에서 지팡이를 짚어도 되고) 六十鄕於杖(60에는 마을에서 짚어도 되고) 七十國於杖(70에는 나라 안에서 짚어도 되고) 八十朝於杖(80에는 임금 앞에서 짚어도 허락된다) 또 중국의 二대 시성(詩聖) 중 한분인 두보(杜甫 또 한분은 李太白)가 시제(詩題) 곡강(曲江)에서 인생 七十古來稀(고래희)라 읊었고 공자님은 인생 七十은 從心(종심)이라 하였는데 마음을 따라도 된다 즉 인생 七十이 되면 자기 하고싶은대로, 마음먹은대로 해도 된다는 의미로 해석할수 있겠습니다.

(인생 七十 고래희란 七十까지 살기란 매우 드물다는 뜻)

[illegible] 예로부터 七十을 맞기가 쉽지 않해 七十이 되면 상당한 예우를 받는 나이인데 요즘은 세상이 달라져 七十 노인이 흔한 세상 아닙니까? 금년 칠순(七旬)을 맞아 그 전에 마라톤 산악마라톤과 섬진강 둘레 270km를 완주한 바 있어 [illegible] 대로 하고싶은대로 [illegible]

어느 한국 순례자가 알베르게에 적어놓고 간 방명록.
나 역시 이곳에 짧게나마 나의 흔적을 남겨본다.

햇볕을 위해 기도하되, 비옷 준비를 잊지 마라

폰프리아 → 사리아(31.7km)

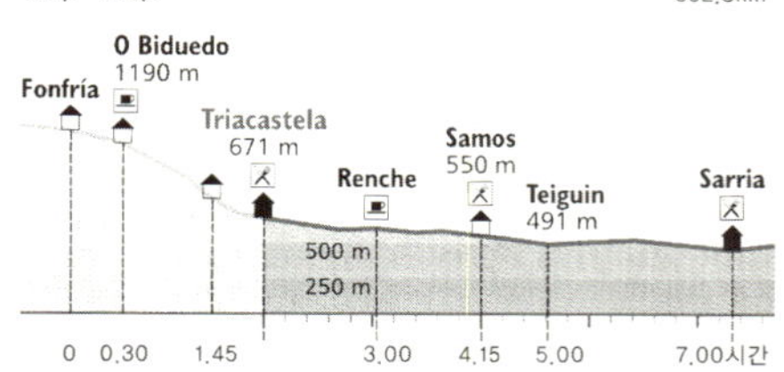

오늘은 31.7km를 걸어야 하기에 아침 6시에 출발했다. 저녁에는 그렇게 많이 불던 바람도 없었고, 먼동이 틀 무렵에는 주변이 온통 안개구름으로 차 있었다. 마치 미국의 나이아가라 폭포처럼 뭉게구름이 같이 움직여서 절경이었다.

내려가는 길은 아주 가파른 길이었다. 게다가 어느 정도 걸어서 라밀(Ramil) 마을에 오니, 또 소 분비물의 역한 냄새 때문에 숨을 쉬기가 어려울 정도였다. 이 마을 사람들은 분비물을 치우지 않는 것일까? 아니면 비가 많은 지역이라 비올 때까지 기다리는 것일까?

마을의 길 가운데에 밤나무 한 그루가 있는데 100년이 넘은 나무라고 한다. 어느 집 앞에서는 산딸기와 다른 과일을 비닐케이스에 놓고 1유로를 받고 판매한다. 곽 양과 아내가 하나씩을 구입했고 바(Bar)에 도착하여 빵, 밀크 커피와 과일, 조금 전에 사가지고 온 산딸기를 같이 먹었다.

마을에 우뚝 서있는 고목.
나무 자체에서 세월의 무상함이 그대로 느껴진다.

트리아카스텔라(Tríacastela)는 "햇볕을 위해 기도하되, 비옷 준비를 잊지 마라" 라는 속담이 딱 들어맞는 땅이었다. 하루에도 몇 번씩 내리는 비와 오르고 내려오기를 반복해야 하는 구릉 그리고 산티아고로 향하는 길에서 가장 친절하다는 사람들이 살고 있고 해산물과 가슴을 불태우는 전통 술 오루호를 맛볼 수 있는 마을이기도 하다. 한참을 가는데 마을 어느 집 담벼락에 그려져 있는 순례자들의 모습이 있어서 정다웠다.

트리아카스텔라 마을의 두 갈래 길에서 산 실(San Xil) 코스를 선택하여 걸었다. 조금 걷다 보니 화가가 그림 같은 집에서 그림을 그려서 팔고 있다. 집안에 들어가 보니 십자가 밑에 성경이 펼쳐져 있었는데 그 모습이 좋았다. 그 곳에서 잠깐 기도하고 사진을 찍었다. 세상을 편하고 자유롭게 사는 것 같았다. 이들의 가치관은 모르겠지만 얼굴 표정이 매우 밝았다. 스위스의 전원 마을처럼 아름다운 마을이었다.

한참 산길을 돌아 올라가는데 10년 전에 울릉도 성인봉을 올라가는 길과 같아서 기분이 좋았다. 아내는 승주 조계산 같다며 함께 산행했던 이야기를 재미있게 했다. 그 길은 은퇴하신 양교철 목사님, 우리 부부와 고민영 집사 그리고 김명중 집사가 같이 갔었다. 중간에 보리밥에 동동주 한 잔이 그렇게 좋았었다. 나이 많으신 양 목사님은 다시 내려가서 자동차를 가지고 송광사에서 기다리시고 우리는 그 산을 넘어 송광사에 도착하였다. 즐거운 드라이브였다. 항상 감사한 목사님이시다.

조금 가다 보니 다리가 아픈 중년 여성이 앞서 가고 있다. 아내가

보는 순간 절로 고요해지고 엄숙해지는 십자가.
그 아래서 하나님의 빛과 은총을 느끼고 잠시 기도해 본다.

옆에 가서 이야기를 하면서 갔다. 오스트리아에서 온 부인인데 스페인이 너무 아름답다고 한다. 나는 오스트리아가 더 아름다운데 말이다.

생각과 보기에 따라 다르게 느끼는 것 같다. 언젠가 잘스부르크에 간 적이 있는데 너무 좋은 인상을 갖고 있어서 그러한 느낌이 든 것 같다.

또 다른 브라질의 젊은 부부를 만났다. 한국에서 왔다고 했더니 자기 아버지가 1988년 올림픽 때 브라질 권투 코치로 우리나라에 왔다고 자랑한다. 우리 부부에게 가톨릭 신자냐고 물었다. 나는 아니라고, 개신교라고 했다. 신앙적인 문제로 이곳으로 성지 순례 왔느냐고 물었다. 이들 부부는 영적인 문제로 이곳에 오기로 했다고 했다. 브라질에서까지 여기에 와 순례를 한다고 하니 정말 대단하다고 생각되었다.

마을에 들어서니 다시 분비물 냄새가 난다. 갑자기 우리가 어릴 적에 두엄자리에 홍어를 삭히어 돼지고기와 함께 김치에 싸서 먹던 생각이 든다. 이른바 삼합이다. 냄새가 좀 비슷해서 그랬을까?

날씨는 더워지고 고개는 자꾸 땅만 보고 가는데 분비물 냄새에 고개가 다시 절로 돌아간다. 하지만 어찌하나, 그 많은 순례자들이 걷고 걷는 길이기에 참고 갔다. 이것도 감사하다. 비가 오지 않아 소 똥물에 적시지 않으니 말이다.

모든 것이 생각의 차이인 것 같다. 어떻게 현상을 인식하느냐에 달린 것이다. 옛날에 부처님 눈에는 부처가 보이고 다른 것에는 다른 것이 보인다고 하는 말이 있는데 즉 자신이 마음먹기에 따른다는 의미인 것처럼 말이다.

우리 인생도 마찬가지다. 행복하다고 생각하면 갖고 있는 것이 부족해도 행복할 것이고 아무리 많은 것을 가지고 있다 하더라도 불행하다고 느끼면 불행한 것이 된다. 마음먹기다.

멀리 사리아(Sarria)가 보이자 아내가 하는 말이 마을이 보이면 2시간이 걸린단다. 스페인에서의 경험에 의한 것이다. 사실 그렇다. 교회 십자가가 보이면 한 시간이 걸리는 것처럼 말이다.

1시가 넘으면 더웠고 바람도 불지 않았다. 노란 이정표 표시만 보고 고개는 숙이고 간다. 간신히 사리아에 도착했다고 좋아하는데 알베르게는 나오지 않았다. 신시가를 지나 한참을 걸어가니 높다란 계단이 나왔다. 이 계단을 올라가야 알베르게가 있는 모양이었다.

몇 개의 알베르게를 건너서 오늘의 숙소에 도착했다. 시간을 보니 오후 2시였다. 스페인 단체 순례자들이 사무실에서 관리인과 한참 동안 이야기를 하고 있었다. 이와 같이 단체가 오면 알베르게에서는 곤란해 한다. 이 사람들이 숙소를 차지하면 한 두 사람씩 오는 순례자들은 어떻게 될까? 알베르게에서는 어떻게든 모든 순례자들을 배려하는 마음을 갖고 있는 것 같다. 단체 순례자들은 이층으로 올라가고 우리 부부는 일층에 배정되었다.

점심을 먹고 산티아고의 DHL 사무실에 전화하기 위해 가다가 한국 여성을 만났는데 우리 숙소에 있다고 하면서 반갑게 인사했다. 6월 16일에 마드리드에 와서 프랑스의 생장피드포르에서부터 순례길에 올랐다고 한다.

사람들이 내게 이번 순례에서 무엇을 보았냐고 묻는다면, 역시 나는 길을 보았노라고 대답할 것이다.
나의 두 다리로 걸은 길이 아닌 안개를 걷으며 하나님을 찾아 나섰던 마음의 길을 보았다고.

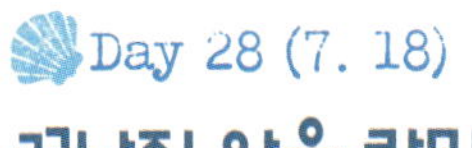

Day 28 (7. 18)

끝나지 않은 카미노 길

사리아 → 포르토마린(25.9km)

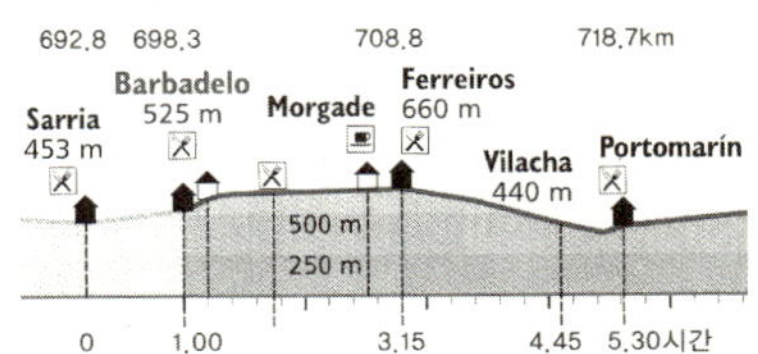

오늘은 일정이 짧아 늦게 6시 40분에 출발했다. 마을의 알베르게가 한 골목에 줄지어 있기 때문에 많은 순례자들이 앞서갔다.

갈리시아 지방은 산이 높지 않아서 그런지 소들을 많이 키웠다. 처음에 끝없이 펼쳐졌던 밀밭과 포도밭과는 사뭇 다른 풍경이었는데, 마을마다 소 분비물이 많고 냄새가 심했다. 이곳은 제주도처럼 바람이 많은 듯 돌로 밭의 경계를 표시하고 집들도 돌담으로 만들어져 있었다.

산티아고로 가는 길을 알려주는 비석이 100km가 남아 있다고 되어 있다. 이곳 사리아부터 산티아고까지 반드시 정식으로 걷고 스탬프를 확실하게 찍어야 순례증명서를 발급해 준다고 한다. 걸어서 하는 순례는 100km 이상을 걸어야 인정을 하는데 그 기점이 사리아라고 한다. 순례자들이 모두 그냥 지나가지 않고 그 앞에서 사진을 찍고 간다. 우리도 번갈아 가면서 한 장씩 찍는데 다른 순례자 한 사람이 카미노 가족 모두 같이 서라고 하면서 사진을 찍어준다.

순례 중반까지 밀밭과 포도밭이 보이던 풍경과 달리 소를 방목하는 지역이 점차 많아졌다.

길을 걷다보니 작고 부서진 성당 안에 성모 마리아와 예수상이 같이 놓여있는 것을 볼 수 있었다. 여기에는 많은 사람들의 사진과, 무슨 사연을 적은 쪽지들, 작은 돌들이 쌓여 있다. 소원을 빌고 있는 듯 하다.

순례길에 우리나라의 시골길을 가듯이 마을들이 자주 나타난다. 작은 바(Bar)에서 새로 만난 김소영 양과 같이 아침 식사를 했다. 13년간 직장생활을 하다가 인생의 새로운 전환점을 갖기 위해 회사를 그만두고 이곳으로 순례길을 택했다고 한다. 그리고 9월 말에는 결혼을 한단다. 결혼 준비를 하였느냐 했더니 남편 될 사람이 몸만 오면 된다고 하였단다. 행복한 사람들이다. 새 가정이 더욱더 잘 계획되고 준비되어 무한한 꿈을 이루어가길 기원한다. 그런데 김 양으로부터 듣는 순례길의 고생은 우리가 상상할 수 없을 정도로 많이 한 것 같다. 빈대로부터 수난을 당하였으며 설상가상으로 알 수 없는 알레르

드디어 목적지까지 100km밖에 남지 않았다. 조금만 더 힘을 내서 앞으로 나아가야 한다.

기가 생겨 반쪽 몸이 퉁퉁 부어서 고생이 엄청 심했단다. 발은 물집이 생겨 고생하고 또 40km를 걸어 무릎이 아프고 고생할 것은 다 했다고 한다. 우리는 참으로 감사하다. 아내가 빈대에 물려 약간을 고생을 하였지만 김 양에 비교하면 아주 가벼운 고생이었다.

이제는 우리가 만났던 순례자들은 없고 대부분이 새로운 순례자들로 서로 인사를 하면서 가고 있었다. 마을에 들어서 가는 데 한 농가에서 소들이 떼를 지어 나왔다. 우리는 기다리면서 소가 지나가도록 보고 있었는데 그 중에 한 마리가 다른 쪽으로 가니 이 농가의 아들 같은 사람이 소를 부르면서 같이 가도록 독려를 한다. 주인 아줌마는 앞서 가는 소를 몰고 가고 있었다.

저 정렬해서 줄지어 움직이는 소들을 보면서 이제는 지금까지 보고 느끼고 생각했던 모든 것들을 하나씩 정리하고 싶어졌다. 우리가 살아갈 꿈을 어떻게 정리할까. 처음부터 생각했던 꿈 너머 꿈은 어떻게 가꾸어 갈까. 폰프리아의 알베르게 방명록에 썼던 70대 부부의 일이 가슴에 와 닿았다. 그런 꿈을 꿀 수 있을까. 십 여년 뒤의 일이다. 여러가지 여건이 갖추어져야만 가능한 일이었다. 가장 중요한 것은 건강이고 믿음과 용기일 것이다. 진정 삶의 기쁨을 이 길에서 찾을 수가 있을까. 이 순례길은 생명이 있다고 했고 모든 문제의 답이 이곳에 있다고 했다. 수많은 순례자들이 찾고있는 꿈을 찾아서 계속 올 것이다. 우리도 또한 그들 중의 한 부부일 수밖에 없다. 그러나 이 길에서 지금까지 경험하지 못했던 많은 것을 경험했고 새롭게 느끼기도 했다. 그런데 이것이 내가 찾고자 한 것일까. 먼 훗날 즐겁게 이야기를 자손들에게 들려주는 꿈이 우리의 가슴에 있는 것이다. 아직 끝나지 않은 카미노길, 800km의 순례길이 갖는 의미를 말이다.

비탈길 아래로 흐르는 넓은 강 위에 다리가 놓여 있었다. 이 다리를 건너면 포르토마린(Portomarín)이다. 맑은 하늘 산기슭 아래 조그만 마을 그리고 그 아래로 강이 흐르고 그 강은 옆의 호수와 만나면서 산수의 아름다운 조화를 이루고 있었다. 포르토마린은 댐 건설로 인해 수몰된 집들을 언덕 위로 이주시켜 새롭게 만든 마을이다. 다리를 건너는데 앞에서 스페인 부부가 사진을 찍고 있어서 기다리다 건넜다. 다리가 끝나는 지점에서 마을로 오르는 곳은 가파른 계단이었다.

포르토마린의 알베르게는 강가에 위치하고 있어서 눈앞에 펼쳐지는 경치가 더욱더 아름다웠다. 순례자로서는 꼭 사치 같았다. 이 알베르게는 제법 괜찮은 레스토랑도 같이 운영하고 있어서 오늘은 여기서 모든 것이 한꺼번에 해결될 것 같았다. 점심을 먹기 위해 레스토랑에 가보니 조금 전 바(Bar)에서 만났던 일본 여성이 혼자 점심을 먹고 있었다. 그녀는 이곳에서 점심을 먹고 다음 마을에서 쉬겠다고 한다. 한국 사람들이 참 많이 순례한다고 부러워했다. 늦은 점심을 푸짐하게 먹고 나서 긴 낮잠을 자고난 뒤에 마을 구경에 나섰다.

포르토마린은 도시 자체가 관광객들이 북적이는 휴양도시이며 아름다운 도시였다. 모처럼 편히 휴가 온 것처럼 쉬고 여유를 갖게 되

휴양도시답게 물과 숲이 조화롭게 어우러진 포르토마린.
마음마저 편안하게 만들 정도로 아름다움에 심취하게 만든다.

었다. 앞으로 90km 정도 남았다. 이제는 뭔가 아쉽다는 생각이 들기 시작했다. 너무 안타까워 어찌 갈까. 산티아고 데 콤포스텔라에 입성하면 어떤 생각이 들까 두렵기도 하고 허무할 것 같은 느낌도 있다. 내가 받아들여야 한다. 어떤 것이든 그것이 현실인 것이다.

아쉬운 마음을 간직하고 내일 또 걸어야 하지만 그 길에 언제나 아내가 옆에 있어 허무와 아쉬움을 지울 수 있을 정도로 행복하다.

늦게 마을을 구경하면서 스위스의 바우더를 만났다. 10여일 만에 만나서 그런지 정말로 반가워 힘차게 악수를 하고 산티아고에서 만나자고 했다. 그의 다리 정강이를 보니 파스 같은 것을 붙이고 많이 부어 보였다. 그동안의 순례길이 그에게 얼마나 힘겨웠는지 암시해주고 있었다.

내려오는데 슈퍼마켓 앞에서 5명의 스페인 대학생이 반갑게 인사하며 한국의 대학생이 앞서 갔다고 한다. 그리고 폴란드 부부와 딸이 오고 있었다. 그들은 이곳에서 머문다고 하면서 산티아고에서 만나자고 한다. 폴란드 부부와 딸과는 며칠간 거의 같은 마을에서 쉬고 가고 있다. 그들 역시 아내와 함께하는 나만큼 행복한 표정이다.

곽 양의 말에 의하면 이 폴란드 아저씨의 코골이는 숨이 넘어가는 듯하게 한다고 한다. 자기가 경험한 중에 최고라고 하면서… 그리고 오스트리아 여인이 늦은 시간에 밝은 웃음을 보이면서 알베르게에 들어왔다. 다리가 안 좋은데도 이렇게 더운 날씨에 걷는 것을 보고 연민의 정을 느낀다. 또한, 행복하게 보여서 좋다.

순례하는 사람들

포르토마린 → 파라스 데 레이(25.8km)

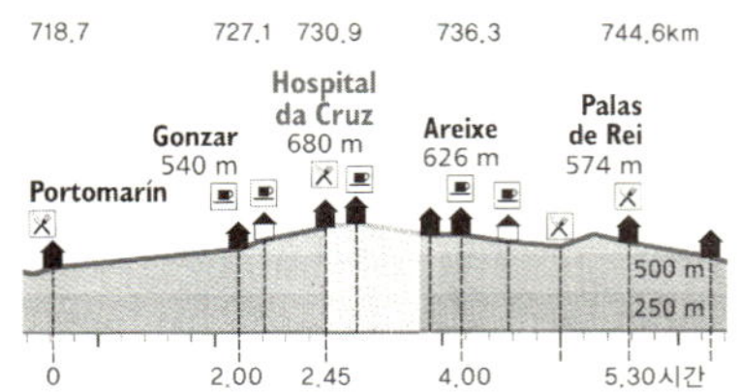

6시에 출발하는데 비가 오는 듯했다. 랜턴을 들고 길을 찾으면서 갔다. 오늘은 무척 짙은 안개가 끼어 앞이 안보일 정도였다. 커다란 강이 있어서 그런 것 같다. 카미노 이정표를 찾는데 새벽이라서 잘 보이지 않아 대충 큰길로 강을 따라서 갔다. 아직 캄캄한 새벽이라 지나가는 순례자가 없어 불안하지만 계속 안개 속을 걷고 있는데 옆에는 옥수수밭과 소나무 숲길이 좋아 보였지만 안개 때문에 멀리 보이지 않아 안타까웠다. 2시간 동안 걸어가는데도 안개는 계속되었다.

뿌연 안개가 짙게 깔리는 갈리시아 지방에서는 어지간해서는 옷을 껴입고 움직여야 한다. 다른 곳과 달리 매우 습하고 어두운 지역이라 기온이 많이 떨어진다.

카스티온 레온 지역에서 갈리시아 지방으로 넘어오니 햇빛이 쨍한 날보다 안개와 구름이 낀 날이 더 많았고 날씨도 긴팔 옷을 입고 다녀야 할 정도로 기온이 떨어졌다. 이제 산티아고 입성도 얼마 남지 않아서인지 발걸음조차도 기분 좋은 가벼움을 느끼고 있다.

바(Bar)에서 어제 준비한 빵, 사과, 자두, 요구르트와 커피로 아침식사를 대신했다. 한국사람은 푸짐함을 좋아하는데 특히 아내가 그렇다. 음식이 많아야 좋아한다. 어쩌다 학교에 도시락을 가지고 갈 때 보면 밥보다 반찬이 훨씬 많았다. 과식인 것은 알지만 그래도 우리 식구들이 살이 쪄야 보기에 좋은가 보다. 이런 아내에게 항상 감사하다. 하지만 우리 아들은 조금 생각이 다른가 보다. 도시락을 가지고 갈 경우 사정을 한다. 양을 줄여달라고 말이다.

지금 걷고 있는 길은 양 옆에 나무들이 둘러 싸여 있고 마을들이 자주 보여 걷기에 정말 좋았다. 처음 걸었던 밀밭만 있는 지역과 비교가 될까. 지역 간에 차이가 있다. 공통점이라면 여기도 시골 같아 좋다는 것이다. 피곤하지도 않고 우리 동네 길을 걷는 것 같아 행복하다. 그런데 불평하고 싶은 현실은 지금도 안개 속에 있다는 것이다.

푸르른 터널을 걷는 듯한 기분이다.

길을 가다가 처음으로 말을 타고 순례하는 세 사람을 보았다. 카메라를 들고 사진을 찍으려고 하니 찍으라고 자세를 취했다. 자세히 보니 순례자는 아닌 것 같다. 짐이 하나도 없었다. 동네 사람들이 말을 타고 어딘가를 가는 중인가 보다. 정말 아쉬웠다. 자전거 타고 가는 사람들은 수 없이 많이 보았지만 말을 타고 순례하는 사람들을 보지 못했기 때문이다. 옆에 아내는 어떤 도시에서 보았다고 하는데 나는 잠을 자고 있어서 못 보았다.

마을을 지나갈 때마다 돌담위로 높이 나무집을 지은 창고가 보였다. 전통적인 옥수수나 감자 같은 곡물을 보관하는 창고－오레오(Horreo)라고 한다. 집집마다 오레오가 한 두 개씩은 있어 옥수수 등을 쌓아 둔다고 한다.

이제 모든 것을 정리할 때도 된 것 같다. 70km도 남지 않았다. 이 순례길에 지금까지의 잘못과 욕심과 증오와 미움 모두를 묻어두고 가고 싶다. 그동안의 순례자들의 영혼이 숨쉬고 있는 이 길에 말이다.

귀국할 때는 모든 것을 잊어버리고 정말 시원한 마음으로 사심 없이 가기를 기원한다. 이것이 이 순례길을 온 목적이다. 이렇게 함으로써 새로운 비전을 갖게 될 것이다. 나이 60세부터 살아가는 방법을 생각하고 이것을 생각하는 것이 행복하다는 것을 느끼며 살기를 원하게 되었다. 또한 지금까지 받아온 모든 은혜에 대해서 감사하고 이 은혜에 빚을 갚고 사는 삶이 정말로 나의 삶이 될 것 같다. 생명의 빛이 우리 부부에게 보일 것 같다. 이렇게 기도한다.

우리가 도착한 목적지인 파라스 데 레이(Palas de Rei)는 전설에 의하면 본래의 의미는 '왕의 궁전으로 귀환을 기다리며' 라는 멋진 뜻이었는데 지금은 별 다른 특징이 없는 작은 마을에 불과하다. 마을 입구에 사설 알베르게가 있는데 마을과는 좀 떨어져 있어 문제가 된다. 마을로 가는데 젊은 친구들이 마트에서 무언가를 사가지고 오고 있었다. 이곳에는 마트가 없나 보다. 마을에 들어와서 사설 알베르게에 짐을 풀었다. 일층에는 바(Bar)와 레스토랑이 같이 있고 이곳에서 접수를 했다. 우리 부부는 2층으로 하고 김 양과 곽 양은 주방 옆에 있는 침대로 정했다. 점심은 알베르게에 있는 레스토랑에서 했다. 식사 후에 마을을 산책하면서 슈퍼마켓에 가 저녁식사와 내일 아침거리를 준비했다. 오는 길에 공원에서 번개 세일을 하고 있는 것 같았는데 온갖 농작물이 진열되어 있었다. 우리도 자두, 포도 및 사과 등을 샀다.

알베르게 앞 공원에서 쉬고 있는데 많은 순례자들이 오고 있었다. 각각 다른 모습을 보이고 있다. 폴란드 부부와 딸은 우리가 묵고 있는 알베르게로 가고 있었고 어떤 이는 배낭에 자기 나라의 국기를 꼽고 다녔다. 브라질, 폴란드, 영국, 오스트레일리아 등이다. 그 모습이 너무 좋아 보였다. 우리도 태극기를 가지고 왔으면 좋았겠다는 생각이 든다.

레스토랑에서 기념사진 한 장

요즈음 한국에서 많은 사람들이 온다고 여기 사람들이 이야기 한다. 일본인보다 많다고 한다. 어제 점심때 만난 일본 여성도 그러한 이야기를 했었다. 한국 사람은 많은데 일본 사람이 많이 안 보인다고 섭섭해 한다.

알베르게의 우리 침대 앞에 나이가 들어 보이는 스페인 할머니 두 분이 계셨다. 그중 한 분은 컵에 맥주를 끓여서 마시곤 한다. 아내가 왜 맥주를 끓여서 드시냐고 물으니 기침을 해서 이것을 마신곤 한단다. 그래서 붙여진 별명이 맥주 할머니 자매다.

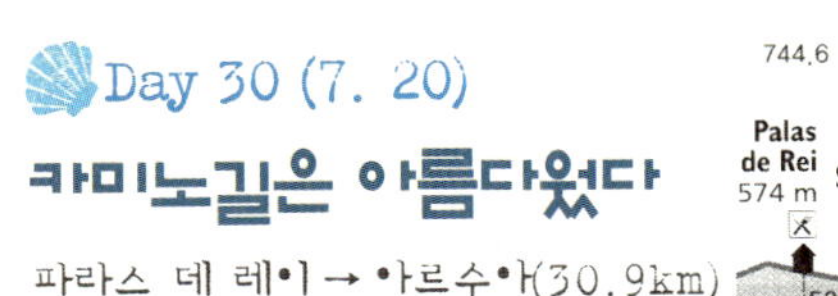

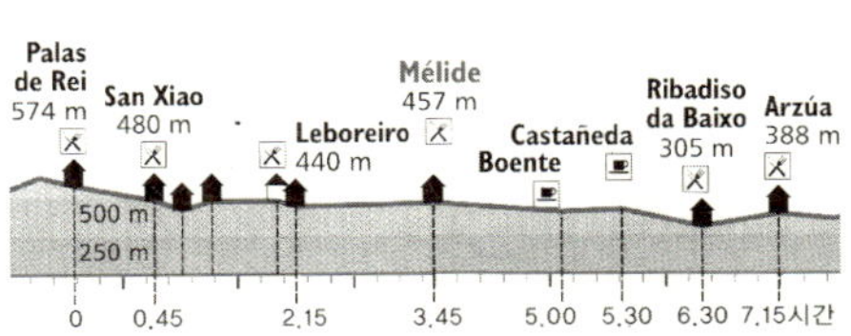

이제 오늘로 꼭 한 달이 지났다. 정말 긴 여정이었다. 이렇게 오랜 시간 한국에 대한 모든 정보를 단절하고 생활한 것은 처음이다. 그래서 머리까지 텅 비어있는 느낌이다.

오늘은 날씨가 흐리고 바람도 많이 불었다. 그래도 시골 마을을 가는 것처럼 중간 중간에 마을들이 많이 있어서 좋다. 어두운 아침에 나올 때는 간혹 길을 잃을 수도 있어 산티아고 이정표를 잘 찾아야 하는데 쉽지가 않았다. 랜턴이 좋지 않아 뚜렷하게 보이지 않기 때문이다. 조심조심 한 시간 쯤 걷다보니 어둠이 사라져 길이 보였다. 계속 바람은 부는데 비는 오지 않아 정말 감사하다. 갈리시아 지방은 자주 비가 온다는데 이렇게 다행일 수가 없었다.

오늘은 800km 순례길에서 생각했던 것을 정리한다. 지난 세월에 상처 받았던 마음, 원한, 미움과 증오 등 모두를 이 순례길에 묻고자 기도했다. 아쉽고 서운한 감정, 그리고 풀지 못했던 감정 등을 다 버리고 가자. 그래야 내가 자유스러울 것 같다. 모든 것을 버리고 싶다. 언제 이런 마음을 가질 수가 있었을까. 마음이 편하다.

세 시간 정도 지날 무렵 멜리데(Mélide)에 도착했다. 이 도시는 문어 요리가 유명하다고 한다. 내륙 지방인데 문어 요리가 유명한 것이 희한하다. 마을 중심 거리를 지나가는데 10시 정도인데도 뽈보(문어 요리)를 먹으라고 소리친다. 소리에 아랑곳 하지 않고 계속 걸어갔다.

교회 근처에 지나가는데 시골장처럼 옷가지, 자몽, 빵 등을 좌판에

| 날씨 위의 십자가. 비가 자주 온다는 이곳에서 다행히 여정 동안에는 비가 오지 않았다는 것에 하나님의 축복이 정말 충만한 것 같다.

늘어놓고 팔고 있다. 많은 사람들이 오고가고 구경하고 있다. 순례길에 재밋거리이다.

같이 가던 곽 양과 김 양이 아내에게 포르투칼 리스본에 갈 거니까 우아하게 여행하기 위해 나풀거리는 치마를 사면 좋겠다고 장난친다. 아내는 대답은 하지 않고 미소만 짓는다.

오늘은 주일이어서 교회에 가는 사람을 보니 대부분 50대 이상이다. 젊은이가 보이지 않는다. 교회가 노쇠해지고 젊은이들은 들로 산으로 가는 세상이다. 무언가 새로운 변화가 있어야 한다. 신앙적으로 성숙해지는 새로운 문화가 조성되어야 할 것 같다.

숲길이 아름다웠다. 마치 삼림욕하는 것처럼 오래된 나무들이 즐비하게 서있다. 시원해 보인다. 발걸음도 덩달아 시원하다. 이럴 때 우리들이 하는 말 "탄력 받았다"고 한다. 그리고 웃는다.

어느덧 예정했던 리바디소 다 바이소(Ribadiso da Baixo) 입구에 도

아름다운 숲을 다정하게 걸으면서 지금까지 해묵은 많은 일들을 해소한다.

착하여 간단하게 점심을 먹었다. 조금 후에 보니 언덕 아래 강가에 자리 잡은 알베르게가 무척이나 아름다웠다. 옛날에는 순례자들이 이곳의 강에서 몸을 정갈하게 씻고 산티아고로 향했다고 한다.

내가 사전에 알고 있던 정보에 의하여 점심을 먹고 조금 뒤에 알베르게에 가보니 이미 많은 사람들이 와 있다. 알베르게 안을 보고 온 곽 양이 자리가 별로 없다고 하여 3km 정도 떨어진 아르수아(Arzúa)에 가기로 했다. 사실 리바디소 알베르게 옆에 식당이 최근에 생긴 것 같았는데 정보가 없어서 이런 실수를 하게 되었다.

처음으로 아르수아로 가는 길에 알베르게 전단지를 돌리는 사람을 만났다. 이제 도시에서는 알베르게가 영업을 위한 장소로 변하는 것 같다. 조금 가니 또 사설 알베르게 전단지를 준다. 경쟁이 심한 모양이다. 이 도시 중앙에 들어와 공립 알베르게에 가보니 이미 만원이다. 할 수 없이 사설 알베르게에 왔다. 3일 전에 헤어졌던 신부님이 그곳에 계셨다. 아마 같이 산티아고에 갈 것 같다. 눈인사만 하던 신부님이 내가 손을 들어 인사를 하고 손을 내미니 손을 치면서 인사를 한다. 참 좋으신 신부님이었다.

저녁은 아내가 가져온 김으로 김밥을 하기로 하였다. 계란말이, 햄, 참치, 오이를 넣고 만들어 먹으니 최고였다. 이렇게 맛있는 김밥을 스페인의 작은 마을에서 먹을 줄을 어찌 짐작이나 할 수 있었으랴. 카미노 딸들은 환상이라면서 즐겁게 식사를 했다.

후식은 29km를 메고 온 멜론이다. 달콤하게 익은 멜론 맛을 어찌 말로 표현할까. 서로의 못 다한 이야기를 하면서 시간은 갔다. 아쉽다는 이야기가 자주 나온다. 멀고 먼 산티아고가 가까이 있기 때문일 것이다. 몇 발 걸으면 꼭 그곳일 것 같다.

카미노 가족

아르수아 → 아르카 도 피노(20.3km)

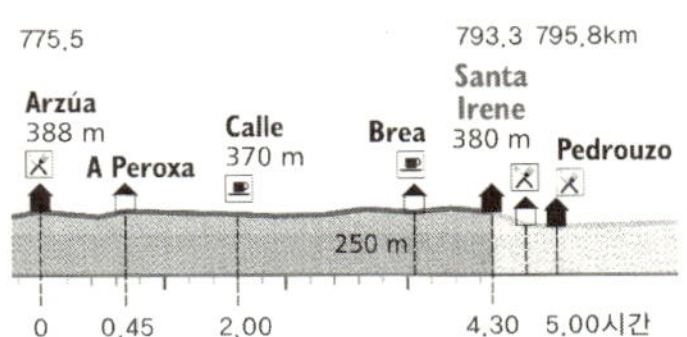

어제 더운 날씨에 3km를 더 걸어서 늦게 출발하기로 하여 잠을 곤하게 잤다. 오늘은 안개 없이 날씨가 좋았다. 이 순례길에서 좋은 날씨를 만나는 경우가 다른 순례자의 경우를 책을 통해서 보면 그렇게 흔한 일이 아닌 것 같다. 정말 감사하다.

지금까지 살아온 것을 생각해보면 많은 은혜 속에 살아 왔다는 것을 느낀다. 많은 사람들한테 은혜를 받아 왔음을 순례길에서 절실히 느꼈다. 이제는 이러한 삶에 대한 감사함을 가지고 살아야 한다. 이것이 보답하는 것이라고 생각한다.

오늘도 숲길을 많이 걸었다. 숲속의 나무들은 커다란 나무로 둘러싸여 있고 길은 널따랗게 뚫려 있어 걷기도 편하다. 삼림욕하는 기분으로 걷고 있다. 하지만 마을이 나오면 어김없이 냄새가 심하다. 많은 소가 풀을 뜯고 있다. 바로 저들이 이 냄새의 주인공이리라.

1993년에 63세에 순례길에서 숨을 거둔 이의 묘비가 있었다. 산티아고가 얼마 남지 않은 길에서 천국으로 간 것 같다. 같이 있던 딸들

1993년에 이곳에서 숨을 거둔 순례자의 묘비.
목적지를 바로 눈앞에 두고 다하지 못함이 안타깝기도 했지만 누구보다 하나님의 축복 속에 천국으로 올랐을 것이라

이 그렇겠다고 동의한다. 이 분은 아마 편하게 고통 없이 하늘나라에 갔을 것 같다. 주님의 은총을 빈다. 사진도 한 장 찍었다.

20km 지점에서 처음으로 네 명의 카미노 가족이 사진을 찍었다. 사진을 찍어주던 스페인 친구가 굿 하면서 엄지손가락을 치켜 세운다. 감사하다고 전하면서 나 역시 엄지손가락을 세웠다.

칼레(Calle)라는 마을에서 아침을 먹었다. 처음으로 구운 빵에 잼과 치즈와 커피를 먹으니 정말 맛있다. 고소하고 씹는 맛도 구수하니 좋았다.

도로변과 숲길을 계속 걸었다. 그렇게 터벅터벅 걷고 있자니 나의 주변에 있는 많은 사람들이 보고 싶었다. 특별히 오재창 친구에게 감사하다. 나와 아내를 위해서 양말을 선물했는데 정말로 감사하다. 매일 양말을 신으면서 감사함을 더욱 느낀다. 물집이 생기지 않는 이유가 좋은 양말에도 있었을 것이다. 또한 등산화의 깔창을 추천해 준 것도 큰 역할을 하였을 것이다. 보이지 않게 은혜를 받아 사는 것이 우리의 인생이다. 이것을 어찌 다 표현할 수가 있을까 하는 생각이 든다.

오늘의 숙소인 아르카 도 피노(Arca do Pino)의 공립 알베르게에 여유 있게 도착하였다. 1시에 문을 열기 때문에 많은 배낭들이 줄지어 순서를 기다리고 있다. 우리도 순서에 따라 배낭을 놓고 여성들은 마트에 다녀오겠다고 갔다.

조금 뒤에 스페인 TV방송국에서 순례자 중에 한 여성과 열심히 인터뷰를 한다. 즐겁게 웃으면서 인터뷰 하는 것이 무척 보기 좋게 느껴졌다.

7월 25일에 산티아고 데 콤포스텔라에서는 커다란 축제가 있다. 이 행사를 보기 위하여 많은 사람들이 참가한다고 한다. 우리도 3일간

알베르게를 기다리면서 길게 늘어선 배낭 줄. 순례 막바지에 이른 지금은 매우 익숙한 광경이다.

산티아고에 머물면서 이 행사에 참여하기로 했다. 그 중에 하루는 지구의 끝이라는 피스테라(Fisterra)에 갔다 오기로 결심했다.

알베르게에서 방을 배정 받고 점심을 스파게티로 맛있게 먹었다. 이틀 전에 만났던 스위스의 바우더 아저씨, 신부님, 부자와 아들 친구, 맥주 할머니께서 알베르게에 도착했다. 우리와 같은 일정으로, 거북이 걸음으로 우리보다 일찍 출발하여 거의 같은 시간에 숙소에 도착하곤 한다. 건강하시라고 기원해 본다.

이제 하루가 남았다. 기나긴 800km를 되돌아보니 많은 생각이 든다. 숨이 막힐 정도로 무더운 피레네 산을 올라갈 때를 생각하면 끔찍하다고 할 수 있었다.

여정 후반부를 함께 하고 있는 곽영혜 양과 김소영 양.
이 두 딸들과 함께 했기에 더 많은 추억과 즐거움을 싣고 이 순례를 마무리할 수 있었다.

점심식사를 하고 좀 늦게 출발한 것이 문제였지만 그 정도가 되는 줄은 몰랐다. 그때부터 긴장과 긴장의 연속이었다. 경치가 좋고 새로운 것을 보는 것도 즐거움이었지만 한편으로는 두려움도 많았다. 나 혼자가 아니라 아내가 있기 때문에 더욱 그러했다. 여러 가지로 어려움이 없지 않았지만 여기까지 왔다. 대단한 일이다. 정말 감사하고 감사한 일이다. 많은 사람들의 우려와 기도가 우리 부부에게 커다란 힘이 되어 주었을 것이다. 항상 은혜에 감사하다.

저녁식사에는 지난 번에 했던 꽁치찌개를 준비한다고 한다. 한국 여성이 세 사람이나 있으니 그 어느 것을 못 만들어 먹을까. 대단한 엄마와 두 딸이다. 갖가지 양념을 준비하고 만드는 것을 보면 가히 환상적이었다. 한국에서 식사를 하는 것처럼 만찬이다. 이 순례길에 과찬이다 할 정도로 즐겁게 식사를 했다. 더불어 와인도 곁들여 먹었다. 포도 생산이 많은 나라인지라 우리나라를 생각하면 웬만한 소주 값 밖에 안된다. 우리가 레스토랑에서 식사를 할 때 보면 물 또는 와인이 포함되어 있다. 네 명이면 물 한 병과 와인 한 병이 나온다. 대부분 음료수처럼 먹고 있다. 소주를 음료수처럼 마시면 어떻게 될까. 아마도 알코올 중독 국가가 될 것이다.

오늘 알베르게는 침대수가 120개나 되어서 많은 사람들이 있었다. 그래서 식사는 다른 사람보다 먼저 준비하고 먼저 먹어야 주방도 이용하고 식당도 이용할 수 있다.

이곳 알베르게의 샤워실 역시 재미있다. 가리개가 없어 모든 것이 공개되어 있었다. 바우더 아저씨가 샤워를 하고 나오면서 재미있는 표정을 하면서 웃는다. 하여간 이런 샤워시설은 본 일이 없어서 재미있는 추억거리를 하나 가져간다.

카미노길은 인생이다

아르카 도 피노 → 산티아고 데 콤포스텔라(22km)

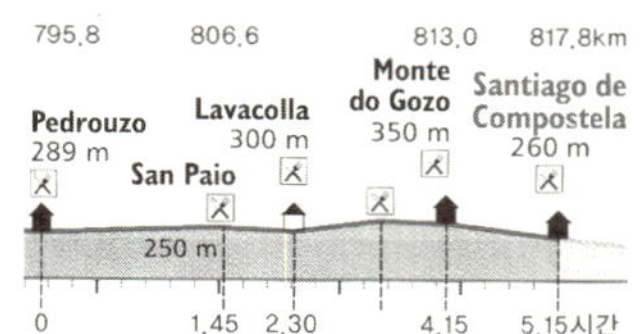

설레임 속에 잠을 청했으나 몇 번을 깨고 자고 했다. 다른 날보다 일찍 5시에 출발하기로 하여 4시 40분에 일어나 짐을 정리하여 5시에 나섰다. 날씨가 너무 좋다. 잔잔하게 바람까지 분다. 33일 동안 비를 맞지 않고 이 순례길을 걷는 것은 행운이었다. 출발할 때부터 비가 내리지 않도록 기도했었다. 정말 감사하다.

편한 마음으로 얼마 남지 않은 발걸음을 재촉했다. 3일 동안 이용할 수 있는 산 라자로(San Lazaro) 알베르게를 등록하여야 하기 때문

산티아고 입성을 눈앞에 두고 순례자들의 상징인 가리비 이정표 위에 놓여진 신발이 작은 깨달음을 준다.

이다. 어두운 새벽이라 숲길이 무섭게 느껴진다. 아내와 같이 손을 잡고 간다.

어둠은 긴장과 불안을 동반하게 하여 사소한 소리나 불빛에도 사람을 깜짝 놀라게 했다. 10여 년 전에 새벽에 모악산에 갈 때는 스틱을 가지고 다니면서 일부러 땅을 치면서 가곤 했다. 나뭇가지, 바람소리 등이 무섭게 느껴졌기 때문이다. 한참을 가도 가도 노란색 이정표나 가리비 문양이 나타나질 않아 이 길이 맞을까 걱정을 한다. 나의 랜턴이 밝지 않아서 곽 양의 랜턴과 바꾸어 길을 밝혔다. 가다보면 카미노 이정표를 찾는 것이 꼭 보물찾기를 하는 것 같다.

세 시간 정도를 걷고 보니 바(bar)가 문을 열고 장사를 시작하려고 했다. 어제 준비한 빵과 과일에 커피를 시켜 아침으로 먹었다.

많은 순례자들이 앞서가고 있었다. 어떤 순례자들은 바(bar)에 들어와 식사를 하면서 "올라"하면서 다정하게 인사한다. 그동안

올라, 부엔 카미노.

는 수없이 많이 했던 인사말이다. 서로 격려하고 위로하며 감사하는 인사다. 모두가 같은 마음이다. 세계에서 가장 안전하다는 순례길이다. 얼마나 안전하면 이런 수식어가 붙었을까. 순례자들 모두가 같은 마음을 갖고 걷고 있기 때문일 것이다.

지난 주일에 교회에서 신솔문 목사님이 광고를 하신 것 같다. 양인숙 집사의 메시지가 왔다.

김 장로님, 산티아고 입성을 축하합니다!

감사한 일이다. 산티아고에 입성하기 5km 전인 몬테 델 고조(Monte del Gozo)를 지나가고 있을 무렵이었다. 잊지 않고 세심하게 배려하여 주는 마음이 고맙다.

산티아고 데 콤포스텔라(Santiago de Compostela)에 들어왔다. 그렇

드디어 산티아고 입성이다!

게 오랫동안 꿈꾸고 생각하고 준비하고 계획했던 순례지의 목적지다. 심호흡을 크게 하면서 멀리 보이는 도시를 보니 아름답다. 우선 산 라자로(San Lazaro) 알베르게에 도착하여 3일간 숙박을 하기로 하고, 다음 날은 지구의 끝이라는 피스테라(Fisterra)를 가기로 하였다. 그 다음날은 7월 25일 성 야고보축제(Feast de Santiago)의 전야제를 보고 축제에 참가한 후에 다음 일정인 포르투칼로 출발하기로 하였다.

카미노 이정표를 따라서 신시가지를 지나 구시가지로 들어오니 건물들이 대부분 몇 백 년은 된 건물들이라서 보기 좋았다. 도로변에 수백 년 전에 원정을 가던 십자군의 동상이 지켜보고 있다. 우리는 야고보 사도가 묻혀있는 대성당으로 갔다.

순례자 사무실로 오르는 나무계단 벽에 걸려있는 지팡이를 짚고 걸어가는 순례자 모습에 다음과 같은 시가 적혀 있다.

나의 순례길이 어디로 이를 것인가?
내 순례길이 어디로 이를 것인가?
콤포스텔라의 길위에서 나는 내가 순례의 길을 이루게 될런지 알 수가 없네.
피에 물들은 두 다리로 더 이상 앞으로 나아갈 수가 없네.
불쌍한 노인은 상처입어,
순례의 끝에 도달할 수 있을지 모르겠네.
이제 나는 더 이상 힘이 없지만,
나의 야고보 성인이 그 힘을 주실 거야.
그들은 콤포스텔라에 도착했어.
대성당으로 들어갔어.
이렇게 몽말텡의 가이헤로스는 말했다.

"감사합니다."

야고보 성인이여.

이렇게 당신의 발 앞에 와 있게 해 주심을.

이제 제 생명을 가져 가시겠다면,

주님 그렇게 하소서.

왜냐하면 이제 저는 이 성스런 대성당 안에서 행복하게 죽을 수 있으니까요….

(「가이페로스의 노래」 중에서, 마담블루 번역 인용)

순례자 사무실에서 등록을 하고 순례 증서를 받았다. 사무원은 꼼꼼하게 일자를 세어보고 확인하면서 악수를 청하고

축하한다.

고 인사를 한다. 아내도 같은 절차를 밟고 축하를 받았다.

사무실에서 나오는데 오래전 알베르게에서 만나 이메일을 서로 주고받으면서 사진을 찍었던 젊은 스페인 친구가 증명서를 가지고 나온다. 그 친구는 다리가 많이 아파서 고생했단다. 서로 악수를 하면서 산티아고에 도착한 것을 축하하였다. 하루 쉬고 다음날 고향으로 간다고 한다. 우리는 3일간 있다가 간다고 하니 즐겁게 즐기고 가라며 계속 축하를 해준다. 고마운 젊은 사람이다.

세르반테스 광장을 지나면 곧 카테드랄(산티아고 대성당)이 나타났다. 이 성당의 유래를 보면 9세기경에 발견된 성 야고보의 묘위에 먼저 교회가 지어지고, 그 후 여러 차례의 증개축을 통해 대성당으로 탄생이 되었다. 또 로마네스크 건축의 걸작으로 불리는 이 성당의 외

아내가 산티아고 입성을 마지막으로 순례 증서를 받아 나오고 있다.

관은 16세기부터 17세기에 걸쳐 바로크 양식으로 개조되었다. 오르라도이로 광장에 면한 정면 입구로 들어가면 영광의 문(Portico de la Gloria)이 나온다. 거장 마테오가 1168년부터 20여 년 동안 건축한 것으로 화려한 조각과 장식은 로마네스크 예술의 최고 걸작이라고 평가받는다. 문은 카테드랄 내부로 통하는 3개의 통로를 따라 갈 수 있도록 3개로 나뉘어져 있다. 중앙이 그리스도교도, 왼쪽이 유대교도, 오른쪽이 이교도를 위한 것이다. 문 중앙의 기둥에는 성 야고보의 상이 서 있는데 멀리서 찾아온 순례자들은 이 기둥에 손을 대고 순례가 끝났음에 대해 감사를 드린다. 그 때문에 오랜 세월에 걸쳐 기둥은 닳고 닳아 지금은 손자국마저 나있다.

대성당으로 들어가면 정면에 황금빛으로 에워 싸인 형태의 성 야고보상이 놓여 있다. 제단 밑은 지하 묘지로 성 야고보와 그의 두 제자 테오도르와 아타나시우스가 매장되어 있다. 야고보 사도의 무덤을 보며 숙연한 마음을 갖는다. 돌아 나와서 금빛으로 빛나는 무덤 위의 별을 보고 사진을 찍었다.

금빛으로 빛나는 야고보 사도 무덤 위의 별

다시 줄지어 계단위로 올라가면서 성 야고보의 등을 팔로 감싸면서 얼굴을 묻었다.

하나님, 은혜에 감사합니다.

라고 하였다. 만져보니 등에서 불이 몇 개 들어온다. 순간 뒤에 앉아 있던 신부님이 다음으로 가라면서 손짓을 한다. 많은 사람들이 기다리고 있기 때문에 관리를 하고 있는 것 같다.

산티아고에서 가장 감동적인 것은 역시 12시에 거행하는 순례자를 위한 정오 미사이다. 이는 가톨릭 신자냐, 아니냐와는 상관이 없고 누구나 참여하여서 무사 순례를 축복받는 시간이기 때문이다. 특히

당일 11시 전에 등록된 순례자의 명단을 불러주는 시간이 있는데 어느 곳에서 출발한 어느 나라 사람 몇 명이라고 낭독해 준다. 그런데 우리는 확실하게 듣지 못해 아쉬웠다. 어쨌든 우리 카미노 가족 4명이 생장피드포르에서 출발해서 이 성당의 순례자를 위한 미사에 참석한 것이 자랑스럽다.

12시에 미사가 시작되었다. 많은 순례자들이 참석하고 있고 관광객들도 같이 참여하고 있는 것 같았다. 분위기는 장중하고 엄숙한 분위기에 야고보 사도가 내려다보고 있는 느낌을 받았다. 미사 중에 부르는 수녀님의 찬송은 천사의 목소리 같다. 내용은 모르지만 분위기를 압도하고 있다.

산티아고 대성당의 보물중 하나는 보타푸메이로(Botafumeiro)라는 거대한 향로다. 여덟 명이 힘을 모아 줄을 잡아당기면 향로가 날쌘 서커스 단원이 공중 그네를 타는 것처럼 그 육중한 몸을 자랑하며 성당 안을 휙휙 날아다녔다. 보타푸메이로를 모든 미사 때마다 움직이는 것은 아니었다. 주일 미사와 특별 미사 때만 그 모습을 볼 수 있다. 우리는 안타깝게도 이 광경을 보지 못하여 아쉬웠다.

서로 인사하는 차례에서 스페인 여성이 나의 왼쪽, 오른쪽 볼에 키스를 한다. 남자와는 악수를 하면서

그라시아스(Gracias)

라고 서로 인사를 했다. 앞·뒤 자리에도 반갑게 같은 인사한다.

미사가 끝난 뒤에 대성당 앞에서 아내와 포옹을 하면서 큰일을 했다고 서로 격려를 하였다. 힘든 과정을 거쳐 이 산티아고 대성당 앞에 서 있을 수 있는 힘과 열정을 주신 하나님께 감사한다.

가슴 깊은곳으로부터 끓어오르는 기쁨의 환희가 생각했던 만큼 그렇게는 감정이 표출되지 않는다. 오히려 너무나 차분한 감정이 나를 감싸고 있다. 33일 동안 그렇게 고생하며 걸어왔던 그 길을 생각하면 어찌 말로 표현할 수 있겠는가.

하지만 왜 이럴까? 얼마나 감격적이었느냐는 이 장로님의 질문에 나는 이러한 표현을 했다.

허무한 감정은 사치일까, 하지만 은혜에 감사한다.

지금까지 받아온 은혜를 생각하면 어찌 말로 표현할 수 있을까. 복받치는 감정을 서서히 느끼고 싶다.

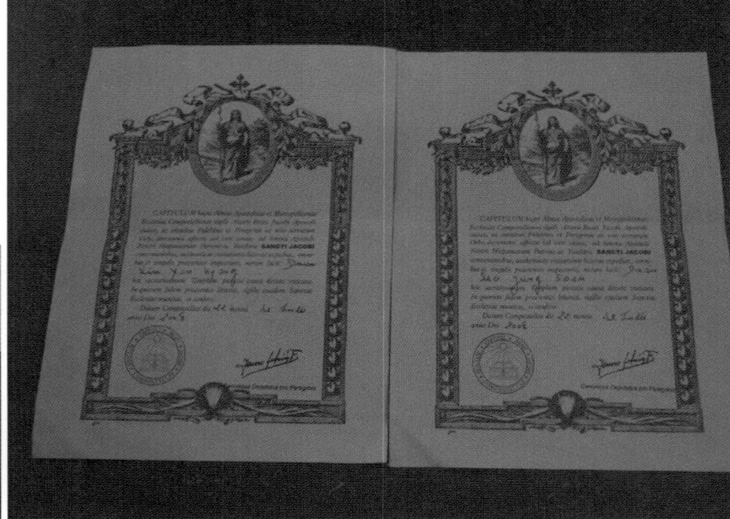

드디어 받은 순례증서와
그동안 각 마을을 지나며
받아온 도장들

자유함을 얻다

산티아고 데 콤포스텔라 → 피스테라(90km)

늦게 일어나자고 약속했지만 5시가 되니 눈이 떠진다. 33일간 습관인 것 같다. 평소에 한국에서도 이 시간에 일어났지만 말이다. 다시 눈을 감고 자고 일어났다. 7시 30분이었다. 약간의 여유를 갖고 핸드폰으로 친구와 동료의 전화번호를 찾아내서 메시지를 보냈다.

산티아고 800km 건강하게 도착하였습니다. 많은 은혜에 감사드립니다.

산티아고를 알게 해준 최낙일 교수한테 전화가 왔다. 아쉽게 참여하지는 못했지만 반갑게 통화를 하였다. 채수완 교수님과 이인홍 교수님도 연락이 왔으나 나이가 연로하신 우리 친구들한테는 아무 소식이 없다. 손이 아픈가보다.

마지막 일정인 피스테라를 가기 위해 버스 정거장으로 가서 3시간 정도를 버스를 타고 갔다. 가랑비가 내리는 창밖 너머로 마을과 바다와 산이 주홍색·하얀색의 지붕과 잘 어울려 그림같았다. 유럽의 대부분이 이런 분위기를 갖고 있었다.

도시에서 3km 정도를 더 걸어서 드디어 대서양의 끝점에 도착했다. 같이 걸었던 이장형 군이 우리를 기다리고 있어 며칠 만에 다시 만날 수 있었다.

산티아고의 0.0km 지점에서 사진을 찍고 모든 것을 태우는 의식을 시작했다. 어디서 왔는지 반가운 프랑스 미녀들이 속옷과 팔을 다쳐

산티아고 0.0km에서 우리는 모든 것을 태우는 의식을 갖는다.
그것은 들고 왔던 짐들만이 아니라 마음에 담아두었던 부정한 모든 것을 태우는 나의 완성이었다.

기브스 했던 물건, 그리고 다른 티셔츠를 태웠다. 반갑게 옆 볼에 키스를 하면서 정말 즐거워했다.

또한 오래 전에 헤어졌던 포르투갈 할아버지를 만났다. 소식이 궁금하기도 했었는데 정말 아이와 같이 천진난만한 어른이라는 깊은 인상을 받았기 때문에 여기서의 만남이 더욱 반가웠다. 그런데 그 할아버지가 가져온 물건이 부인 사진, 부모님 사진, 부모님 어린 시절 사진들이었다. 이것을 보여주고 불길 속에 넣자 순간 숙연한 분위기가 연출 되었다.

8년 전에 돌아가신 작은 아버지께서 죽음을 맞이하는 자세에 커다란 충격을 받은 바 있다. 후두암이었던 작은 아버지는 수술을 원하지 않고 투병생활을 하고 계셨다. 그때 나는 너무 마음이 아파서 작은 아버지를 뵐 수가 없었다. 이러한 나에게 동생으로부터 연락이 왔다.

나를 보고 싶다고 하셔서 찾아뵈니 첫 말씀이

연형아, 죽음이 대단한 것은 아니다.

라고 하면서 나를 걱정하여 주신 것이 나에게 커다란 충격을 준 것이다. 너무나 초연하게 죽음을 준비하고 계셨던 것이다. 그 순간에 나는 작은 아버지 생각을 하며 하나님의 은총을 기원해 보았다.

또한, 불길에 휩싸여 타는 물건들을 보면서 새롭게, 새로운 모습으로 탄생되길 기도했다. 생각과 행동이 변해야 한다. 모든 죄와 잘못을 불속에다 넣어 달라고, 새로운 모습으로 태어나게 해주십사 하고 기도를 했다. 또한 기도제목으로 삼았던 40개의 기도를 이루어 주시도록 기도했다. 경건한 마음으로 지금까지의 모든 기도를 정리하면서 이러한 자세로 남은 인생을 준비하고 계획하고 실천하는 삶을 살도록 노력해야 한다는 진리. 이것이 산티아고 800km 순례길의 목표가 된 것이다. 그리고 이러한 꿈을 넘어 '새로운 꿈 너머 꿈'을 다시 꾸고 싶다. 더욱더 새롭게 준비하고 계획한 대로 실천하는 삶을 살자.

이런 단상들을 피스테라 정류장에서 버스를 기다리면서 쓰고 있는데 또 다시 프랑스 할아버지를 만났다. 반갑게 인사하며 자기는 자고 간다고 하면서 우리보고 "부엔 카미노" 한다. 정말 감사하다.

순간 이 군이 머리를 삭발하고 왔다. 자른 머리카락을 내일 태우고 가겠다고 한다. 참으로 남다른 학생이다. 되돌아 갈 19시 버스는 2층 버스여서 우리 카미노 가족이 제일 먼저 앞좌석을 잡았다. 가는 길이 정말로 아름답고, 편안한 마음을 주는 마을과 바다와 산이 잘 어우러졌다. 왠지 여기에서 살면 평생 늙지 않을 것 같은 기분이 들 정도로 아름다웠다. 이렇게 편안한 마음으로 버스를 타고 오고가니 이제 순례자가 아니고 여행자 같다는 느낌이 들었다.

그런데 순간 이렇게 변하는가. 갑자기 어깨 통증이 시작됐다. 긴장해서 참아왔던 것인데 긴장이 풀리니 아픈 것이 느껴진다. 2~3년 전부터 아팠던 통증이다. 침술원 할아버지께 가서 침을 맞고 싶다. 잠을 자면서도 아팠다.

숙소에 와보니 한국 대학생이 아내와 이야기하고 있었다. 인사를 하고 이야기를 하는데 이 친구도 대단하다. 새벽 4시에 일어나서 4시 30분에 출발하고 하루에 40~50km씩 걷고 왔다고 한다. 피스테라를 갔다 온다고 했더니 버스길을 따라 걸어가겠다고 한다. 요즘 젊은 학생들은 따라 갈 수가 없다. 순례길에 올 정도면 자기 나름대로의 생각을 갖고 있는 것 같다.

여기에 온 이유가 무엇이냐?

고 물었더니 복잡하다고 한다. 젊은 25세 대학생이 뭐가 그렇게 복잡할까 궁금했지만 시간이 늦어서 내일 만나 이야기하자고 하면서 헤어졌다.

마지막에 많은 사람들과 재회하고 순례를 마쳤다는 기쁨을 함께 한다.

힘들게 고생해서 보내온 포르투갈 여행정보를 알베르게 사무실에서 찾았다. 스페인에 이제 조금 익숙해지려고 하니 이제는 완전히 다른 나라에 가는 것 같다. 하나님의 은혜가 언제나 같이 하기를 기원해 본다.

이곳이 바로 대서양의 끝부분이다.

성 야고보 축제 전야제에 참가하다

늦게 일어나 휴게실에서 자료를 찾고 있는데 유 군이 아침을 준비하고 있다고 한다. 닭죽을 끓여 왔다. 젊은 학생이 재주가 많다고 생각했다.

식사를 하면서 어제 대답을 안했던 순례길에 온 이유를 물었다. 대전에 있는 한남대학교 학생으로 생명공학에서 경영학과로 전과를 해서 3학년이라고 했다. 일을 하면서 공부를 한다고 한다. 스피치 강사 고급 자격증이 있고 바리스타(Barista)로 국내 대회에 참가하여 2등까지 했다고 한다.

대학 졸업 후에 프랑스에 유학하여 빵 전문 학원에서 1년 연수를 해서 빵과 커피 전문가로서 작은 사업을 창업하는 것이 꿈이에요.

라고 한다. 영어를 하지 못해 세계 대회에서 세계적인 바리스타와 이야기를 못한 것이 계기가 되어 영어학원에 새벽에 가서 처음부터 배웠다고 하는데 25세의 젊은 대학생치곤 자기 나름대로의 주관과 신념이 뚜렷하게 보여 전도가 유망한 학생으로 보였다.

아침 식사를 끝내고 시내 관광을 갔다. 작은 도시라서 특별한 점은 별로 없었지만 택시가 흔하지 않은 것이 특별하다면 특별한 부분이었다. 우리는 대로를 따라 급할 것 없이 천천히 걸었다.

알베르게에 오면서 김소영 양과 함께 걷고 친치나(빈대랑 비슷함)로 고생했던 송영현 양을 만났다. 조금 뒤에 알베르게로 와서 인사를

모든 것을 마치고 아내와 함께 한가로이 거닐며 기념사진을 찍었다.

하고 그동안의 이야기를 나누는데 역시 이들의 여정도 고생 그 자체였다. 6월 10일에 순례길을 걸으면서 발에 물집 때문에 고생하고 친치나 때문에 세 번이나 온몸에 두드러기가 생겨 고생을 했단다. 부르고스에서는 불쌍해 보였는지 흑인아저씨가 1유로를 주면서 음료수를 사먹으라고 했단다. 어떤 모습이었으면 그럴 수가 있을까. 본인도 의아하게 생각했다고 깔깔 웃어대면서 재미있게 이야기를 한다.

오후에 휴식을 취한 후에 산티아고 축제 전야제에 참가하기로 해서 저녁을 먹고 대성당에 갔으나 아쉽게도 전야제에 대한 특별한 광고도 없고 조용했다. 그날따라 춥고 비도 오고 해서 바(Bar)에 들어가 있다 오자고 했다. 대성당 광장에는 조금씩 자리를 잡고 앉은 사람도 있었다. 바에서도 너무 오래 있다 보니 종업원이 눈치를 주어 조금은 미안하기도 하고 민망했다.

10시경에 다시 광장에 오자 많은 사람이 모이고 있었다. 비도 오고 춥긴 했지만 개의치 않겠다는 듯, 스페인 사람들 10여 명이 계속 노래를 부르면서 재미있게 지내고 있었다. 나중에는 한 젊은이가 친구의 무등을 타고 소리 지르면서 박수를 유도하고 서로 환호하며 일체감을 갖도록 분위기를 이끌어 나갔다. 나 역시 그 분위기에 어울려 소리도 지르고 박수를 쳤다. 판초우의를 입고 있어서 박수치기가 좀 어색했지만 마음만큼은 젊은 그들과 하나가 될 수 있었다.

11시 30분이 되자 대성당 광장은 사람들로 꽉 메워졌다. 웅장하고 빠른 음악과 함께 불꽃놀이가 시작되었다. 대성당을 무대로 한 대단한 아이디어와 기획력이었다. 너무나 환상적이었다. 그 이상 표현할 말이 없었다. 35분 동안 계속해서 음악과 함께 불꽃이 밤하늘을 밝히

비록 많은 비가 쏟아졌지만 대성당 축제에는 많은 사람들이 찾아와 함께 기쁨을 나누었다.

고 갖가지 모양을 보여 주었다. 특히 대성당에 비춰지는 그림 모양은 대성당을 다른 모습으로 변하게 하기도 했다. 순례자들의 형태를 보여주고 별 모습을 보여주고 있다.

불꽃을 바라보는 많은 사람들이 숨을 죽이고 집중하는가 하면 어떤 사람들은 박수까지 치면서 환호했다. 이 순간을 보기 위해 4~5시간을 기다리고 있었던 것이다. 35분이 순식간에 지나간 것 같았다. 불꽃놀이와 함께 많은 환호성과 박수소리로 이제 끝이 났다.

모든 순서가 막을 내린 뒤에 알베르게에 오는데 광장 옆에서 민족독립문제로 시위가 있어서 경찰이 길을 통제하고 있다. 그 길옆으로 1시간 동안 걸어서 다른 순례자들과 함께 알베르게에 당도했다.

Day 35 (7. 25)

성 야고보 축제 미사에 참석하다

오늘이 바로 순례의 마지막 날이다. 대성당에서 순례자를 위한 미사가 12시에 있기에 이곳에 참가하기로 하고 3일간 있었던 산 라자로 알베르게를 나와서 버스를 타고 가기로 했다.

버스 정류장에서 한국 젊은 여성을 만났는데, 64세인 어머님을 모시고 왔다고 했다. 독실한 가톨릭 신자인 것 같은데 신앙적인 목적으로 온 사람은 이 모녀말고는 보이지 않았다. 함께 버스정류장으로 가서 오후에 출발하게 될 포르투갈 포르토(Porto) 차표를 사고 버스정류장에 배낭을 보관하고 대성당에 왔다.

순례자들을 위한 무료 식사를 제공하는 곳이 있었는데 시간적인 여유가 있는 사람은 한번 시도해 보는 것도 괜찮을 것 같다. 대성당 옆에 있는 5성 호텔에서 무료로 식사를 제공하는데 이 호텔은 세계에서 제일 오래된 호텔 가운데 하나로 처음에 순례자를 위한 호텔로

대성당 축제에서는 엄숙하면서도 경건하게 진행되어 어제와는 사뭇 다른 분위기였다.

이제 모든 길은 끝이 났다. 남은 것은 깨달음과 축복, 그리고 은혜와 감사뿐이다.

시작한 전통을 기억하고자 하루 세 번, 아침은 7시, 점심은 12시, 저녁은 7시에 선착순 10명에게 한하여 식사를 제공해 준다. 최소한 30분 전에 호텔 주차장에 줄을 서야 10명 안에 들 수 있다. 순례자를 증명하는 크리덴시알 복사본이 필요하고(걸어 감) 기다리는 장소는 호텔이 아니라 호텔 옆에 피스테라로 가는 길 내리막길로 호텔의 끝쪽 밑에 있는 주차장(내리막 길 쪽으로 호텔 건물 입구가 세 개 있는데 그 중 마지막이 주차장)이다. 유 군과 김 양은 도전하기로 마음먹고 일찍 호텔로 갔는데 나중에 멋진 식사를 했다고 내게 자랑했다.

대성당에는 많은 사람들이 줄지어 서있었고, 12시에 시작하는 미사는 많은 사람들이 참가한 가운데 성대하게 끝이 났다.

문득, 133년 전 1876년 10월 29일 주일에 빈센트 반 고흐가 설교했던 "놀라운 진리를 보는 순례자"(시편 119:18~19)라는 설교가 생각났다. 그는 한 동안 전도사(傳道師) 였다.

우리의 삶은 순례자의 길입니다.
언젠가 매우 아름다운 그림을 본 적이 있습니다.
저녁 풍경이었습니다.
오른편 멀리에 저녁 안개에 감싸인 푸르스름한 언덕들이 보였습니다.
그 위로 장엄한 석양과 금빛, 은빛, 보랏빛으로 물든 잿빛 구름이 있었고요.
노란 잎과 풀로 덮인 황야 같은 들판이었습니다.
가을이었습니다.
들판을 지나, 멀고 먼 높은 산으로 길이 향해 있었고
그 산 위에는 일몰의 영광이 드리워진 도성이 있습니다.
그 길을 지팡이를 든 순례자가 가고 있습니다.
순례자는 이미 아주 오랫동안 걸어 왔고, 매우 지쳐있습니다.
이때 그는 어둠 속에서 나타난,
'근심하는 사람 같으나 항상 기뻐하는 존재'(고후 6:10)라는 사도 바울 고백을 떠오르게 하는 여인을 만납니다.
하나님의 천사는 그 곳에 머물면서 순례자에게 용기를 주고 그와 말을 나눕니다.

순례자가 묻습니다. "앞으로 내내 오르막 길인가요?"
천사가 대답합니다. "맞아요. 목적지까지 그래요."

"하루 종일 걸어야 하나요?"
"친구여, 아침부터 저녁까지 가야 한다오."

이 말에 순례자는 슬퍼하면서도 여전히 즐겁게 길을 갑니다.
아득히 걸어 왔고 갈 길이 멀어 슬픕니다.
그럼에도 희망을 가지는 이유는 붉게 물든 석양 속에서 빛나는 영원한 도성을 바라보기 때문입니다. 그는 오래 전에 들은 두 개의 옛 격언을 생각합니다.

"많은 싸움에는 싸움이 남고, 많은 고생에는 고생이 남기 마련이다.
많은 기도 속에도 기도가 남지만 그 끝은 평강이다"
"하늘이 무너져도 솟아날 구멍이 있다"

순례자는 이렇게 말합니다. "제가 점점 지쳐가겠지만, 대신 주님께 더욱 가까이 가겠지요."
우리는 이 땅에서 순례자 된 자들입니다. 그러나 우리에게는 하나님이 계십니다. 하나님은 순례자를 보호하시는(시 146:9) 아버지시며 우리들은 모두 한 형제들입니다.

우리의 인생이 순례자의 길이라는 것을 아름다운 순례자 그림으로 보여주는 반 고흐의 통찰이 보이는 설교문이었다.
지난 해 추석, 우리 교인들은 이 설교문을 공유하였다.
산티아고에는 순례자들에게 널리 알려진 유명한 식당 중에 하나가 카사 마놀로(Casa Manolo)다. 대성당 좌측문을 나와서 얕은 계단을 올라 우회전하여 쭈욱 올라가면 작은 광장인 세르반테스 광장이 나오고 그곳 중앙에 위치한 조각상이 향하고 있는 방향에 자리 잡고 있어 쉽게 찾을 수 있었다.

미사를 마치고 카사 마놀료 식당에 갔는데 벌써 줄이 길게 서 있었다. 그만큼 유명세를 떠고 있으며, 한 시간이나 기다린 끝에 순례의 대장정을 마무리하는 점심을 맛있게 먹을 수 있었다.

이곳에서 가톨릭 신자인 어머니와 딸, 친치나(빈대 일종)로 고생한 송 양, 서울, 창원, 제주도에서 온 젊은이 세 명과 여학생, 유영민 군, 그리고 예쁜 카미노 가족이 함께 이야기하며 서로가 격려하고 한국에서 만나기를 약속하며 헤어졌다.

산티아고 대축제일에 참가해서 많은 생각을 할 계기를 가졌다.

모든 것이 감사하고 은혜롭다. 『생각보다 가까이 계시는 하나님』의 저자인 존 오트버그 목사님은

> 은혜 안에 사는 것, 은혜를 기억하는 것은 하나님의 사랑을 살아있게 만든다.

고 했다. 정말 모든 것을 일깨워주신 하나님의 은혜에 감사할 뿐이다.

오랜 시간 동안에 세상을 잊은 채, 내 삶을 되돌아보며 나와 대화하고 절대자와 실랑이하며 자신을 찾는 기회를 가졌기에 이 모든 여정에 종지부를 찍은 지금 이 순간 나의 마음은 다음과 같다.

> 인생은 순례입니다.
>
> 나머지 삶은 덤입니다.
>
> 동행하신 하나님과 나를 찾았습니다.

아름다운 동행을 하였습니다.

그리고 은혜와 감사뿐이었습니다.

[부록 1] 카미노 프랑세스 여행일정 (6.21~7.22)

일정	지명	인구	구간 거리	누적 거리	고도 (M)	숙소			구비시설					
						알베르게 (bed)	호스텔 (bed)	호텔	레스토랑 & Bar	식료품 가게	부엌	현금 인출기	약국	인터넷
Day 01 (6. 21)	Saint-Jean-Pied -de-port	1,500	0	0	163	MH(24) PH(18)	❍	❍	❍	❍	❍		❍	❍
	Hunto		4,916	4,916	490	PH(16)					❍			
	Orisson		2,800	7,716	650	PH(18)			❍					❍
Day 02 (6. 22)	Roncesvalles	28	17,060	24,776	962	CH(120)	❍ (78)		❍			❍		❍
	Burguete	314	2,900	27,676	898		❍	❍	❍	❍			❍	❍
Day 03 (6. 23)	Espinal	250	3,300	30,976	871				❍					
	Viscarret	95	5,050	36,026	780				❍	❍				
	Linzoain	50	1,900	37,926	750									
	Zubiri	240	7,600	45,526	528	MH(40) PH(24)	❍	❍	❍		❍	❍		❍
	Larrasoaña	170	4,600	50,126	499	MH(80)	❍	❍	❍		❍			
Day 04 (6. 24)	Trinidat de Arre	9,520	9,050	59,176	430	CH(32)			❍	❍	❍	❍	❍	❍
	Pamplona	183,964	6,600	65,776	496	SH(24) SH(114)	❍	❍	❍	❍		❍	❍	❍
	Cizur Menor	700	4,600	70,376	480	CH(27) PH(56)	❍		❍	❍	❍	❍	❍	❍
Day 05 (6. 25)	Uterga	158	12,980	83,356	495	MH(2) PH(16)	❍							❍
	Muruzabal	265	2,700	86,056	445				❍					
	Obanos	785	1,600	87,656	414	PH(36)	❍	❍	❍	❍	❍	❍		
	Puente la Reina	2,412	3,500	91,156	346	2PH(130)C H(100)	❍	❍	❍	❍	❍	❍	❍	❍
Day 06 (6. 26)	Mañeru		5,611	96,767										
	Cirauqui	456	2,429	99,196	498	PH(28)	❍		❍	❍	❍	❍		
	Lorca	180	6,660	105,856	480	PH(14) PH(40)			❍					
	Villa-tuerta		5,340	111,196			❍		❍	❍		❍	❍	
	Estella	13,024	4,260	115,456	426	2MH(204) SH(34)	❍ (150)	❍	❍	❍	❍	❍	❍	
Day 07 (6. 27)	Irache		2,760	118,216										
	Azqueta		5,080	123,296										
	Villamayor de Monjardin	134	2,040	125,336	675	RH(20) RH(25)			❍					

일정	지명	인구	구간 거리	누적 거리	고도 (M)	숙소			구비시설					
						알베르게 (bed)	호스텔 (bed)	호텔	레스토랑 & Bar	식료품 가게	부엌	현금 인출기	약국	인터넷
	Los Arcos	1286	13,320	138,656	447	3PH(78)MH(72)	○	○	○	○	○	○	○	○
	Sansol	109	7,540	146,196	504	PH(10)								
	Torres del Río	172	950	147,146	479	PH(32) PH(22)	○		○	○	○	○		
Day 08 (6. 28)	Viana	3,425	11,590	158,736	469	RH(13) MH(54)	○	○	○	○	○	○	○	○
	Logroño	142,143	10.840	169,576	384	MH(88)	○	○	○	○	○	○	○	○
Day 09 (6. 29)	Navarrete	2,211	13,850	183,426	560	MH(40)	○		○	○	○	○	○	○
	Ventosa	129	6,000	189,426	651	PH(50)	○		○		○			
	Nájera	7,105	11,290	200,716	489	MH(92) PH(10)	○	○	○	○	○	○	○	○
Day 10 (6. 30)	Azofra	328	6,300	207,016	555	PH(11) MH(60)	○		○	○				
	Santo Domingo de la Calzada	5,622	17,110	224,126	638	CH(33) CH(100)	○	○	○	○	○	○	○	○
	Granon	396	7,860	231,986	727	RH(20)	○		○	○			○	
Day 11 (7. 1)	Redecilla del Camino	148	4,380	236,366	741	○			○		○			
	Castildelgado	79	1,920	238,286	770			○		○				
	Viloria de Rioja	61	2,120	240,406	802	PH(12)	○							○
	Villamayor del Río	50	3,640	244,046	792	PH(52)			○	○				○
	Belorado	2,019	5,340	249,386	772	CH(56)		○	○	○	○	○	○	○
	Tosantos	59	5,250	254,636	818	RH(15)	○		○					
	Villambistia	67	2,170	256,806	868	PH(20)			○					○
Day 12 (7. 2)	Espinosa del Camino	36	2,010	258,816	891	PH(10)			○					
	Villafranca Montes de Oca	191	3,776	262,592	950	MH(38)	○	○	○	○	○	○	○	
	San Juan de Ortega	26	12,034	274,626	1,040	CH(100)	○		○					
	Agés	48	3,810	278,436	971	PH(38) MH(36)			○		○			○
	Atapuerca	196	3,115	281,551	966	PH(36) PH(22)	○		○		○			
	Cardeñuela	101	6,269	287,820	935	MH(14)			○					

일정	지명	인구	구간 거리	누적 거리	고도 (M)	숙소			구비시설					
						알베르게 (bed)	호스텔 (bed)	호텔	레스토랑 & Bar	식료품 가게	부엌	현금 인출기	약국	인터넷
Day 13 (7. 3)	Orbaneja		2,160	289,980					○					
	Villafria		5,190	295,170										
	Burgos	166,190	7,410	302,580	860	2RH(33) MH(100)	○	○	○	○	○	○	○	○
Day 14 (7. 4)	Villalbilla de Burgos		6,200	308,780		MH(8)		○	○	○		○	○	
	Tardajos	635	3,600	312,380	828	MH(12)	○	○	○	○	○	○		
	Rabé de las Calzadas	221	2,030	314,410	831	PH(22) PH(16)	○		○					
	Hornillos del Camino	69	7,720	322,130	822	MH(32)	○		○	○	○			
	Arroyo San Bol		5,900	328,030	850	MH(12)	○		○	○	○			
	Hontanas	65	4,780	332,810	870	PH(20) MH(21)	○		○		○	○		○
Day 15 (7. 5)	Castrojeriz	989	8,750	341,560	808	MH(25) PH(28)	○	○	○	○	○	○	○	○
	Itero de la Vega	226	2,220	355,230	769	MH(11) PH(20)	○		○	○	○			○
	Boadilla del Camino	175	8,920	364,150	780	MH(12) PH(48)	○		○					○
Day 16 (7. 6)	Frómista	965	6,600	370,750	787	MH(55)	○	○	○	○	○		○	○
	Poblacion de Campos	180	4,000	374,750	790	MH(22)	○		○	○	○			
	Revenga de Campos													
	Villamentero de Campos		6,000	380,750										
	Villalcázar de Sirga	229	4,200	384,950	809	MH(14)	○	○		○	○			
	Carrión de los Condes	2,386	5,600	390,550	838	3CH(152)	○	○	○	○			○	○
Day 17 (7. 7)	Calzadilla de la Cueza	75	17,190	407,740	870	PH(80)	○	○	○					
	Lédigos	100	6,740	414,480	882	PH(50)	○		○	○	○			○
	Terradillos de los Templarios	90	3,567	418,047	885	PH(52)	○		○	○	○			○

일정	지명	인구	구간 거리	누적 거리	고도 (M)	숙소			구비시설					
						알베르게 (bed)	호스텔 (bed)	호텔	레스토랑 & Bar	식료품 가게	부엌	현금 인출기	약국	인터넷
Day 18 (7. 8)	San Nicolás del Real Camino	53	5,200	423,247	840	PH(21)	○		○					○
	Sahagún	2,979	6,898	430,145	816	MH(64)	○	○	○	○	○	○	○	○
	Calzada del Coto	293	4,860	435,005	825	MH(23)			○	○	○			○
	Calzadilla de los Hermanillos	174	9,200	444,205	816	MH(16)			○	○	○			○
Day 19 (7. 9)	Mansilla de las Mulas	1,754	24,000	468,205	799	MH(87)	○	○	○			○	○	○
Day 20 (7. 10)	León	130,916	19,702	487,908	838	MH(64) CH(60)	○	○	○	○	○	○	○	○
	Virgen del Camino	3,210	8,240	496,147	906	MH(40)	○	○	○		○	○	○	○
Day 21 (7. 11)	Valverde de La Virgen		3,600	499,747					○	○		○		
	San Miguel del Camino		1,450	501,197					○					
	Villadangos del Paramo		7,700	508,897		MH(80)	○	○	○	○	○	○	○	
	San Martin del Camino		4,500	513,397			○		○	○				
	Hospital de Órbigo	1,119	6,623	520,020	824	MH(30)PH (40)CH(75)	○	○	○	○	○	○	○	○
Day 22 (7. 12)	Sanitibáñez de Valdeiglesias	260	5,360	525,380	816	CH(42)	○		○					○
	Astorga	12,242	12,440	537,820	899	MH(30)PH (100)SH(15 0	○	○	○	○	○	○	○	○
	Murias de Rechivaldo	95	5,880	543,700	882	PH(40)MH (20)	○		○		○			○
Day 23 (7. 13)	Santa Catalina de Somoza	40	4,700	548,400	997	PH(22)MH (38)PH(20)	○		○					○
	El Ganso	40	4,280	552,680	1,013	MH(16)	○		○					
	Rabanal del Camino	50	6,900	559,580	1,162	PH(34)MH (20)CH(46) PH(72)	○	○	○	○				○
	Foncebadón	5	5,522	565,102	1,439	RH(18)	○		○		○			

일정	지명	인구	구간 거리	누적 거리	고도 (M)	숙소			구비시설					
						알베르게 (bed)	호스텔 (bed)	호텔	레스토랑 & Bar	식료품 가게	부엌	현금 인출기	약국	인터넷
	Manjarín	1	4,314	569,416	1,458	pH(20)								
	El Acebo	25	7,500	576,916	1,145	PH(24)PH(14)CH(22 MH(10)	O		O					O
Day 24 (7. 14)	Riego de Ambros	25	3,080	579,996	920	MH(25)	O	O	O					
	Molinaseca	771	6,8440	586,836	630	MH(80)	O	O	O	O	O	O	O	O
	Ponferrada	62,175	7,870	594,706	541	CM(188_270)	O	O	O	O	O	O	O	O
	Columbrianos	1,675	5,440	600,146	530	MH(6)				O				
	Fuentas Nuevas	2,150	2,290	602,436	513				O	O			O	
	Camponaraya	3,333	2,250	604,686	492				O			O	O	O
	Cacabelos	4,880	5,830	610,516	486	MH(70)	O	O	O	O		O	O	O
Day 25 (7. 15)	Pieros	60	2,260	612,776	528									
	Villafranca del Bierzo	3,647	6,700	619,476	524	MH(62) PH(80)	O	O	O	O	O	O	O	O
	Pereje	65	5,760	625,236	542	MH(30)	O		O		O			
	Trabadelo	532	4,000	629,236	578	MH(28)	O	O	O	O	O			O
	Portela	50	44,500	633,736	580	PH(40)			O		O			O
	Vega de Valcarce	850	22,800	636,536	636	PH(50) MH(640	O	O	O	O	O	O	O	
Day 26 (7. 16)	Ruitelán	40	2,200	638,736	690	PH(34)	O		O	O				
	La Faba	31	4,510	643,246	916	SM(30)	O		O		O			
	Lalaguna		2,530	645,776										
	O Cebreiro	50	2,226	648,002	1,330	XH(80)		O	O	O	O			O
	Linares	30	3,580	651,582	1,239					O	O			
	Hospitál de Condesa	42	2,860	654,442	1,245	XH(18)	O				O			
	Alto de Polo		2,930	657,372	1,337	PH(18)	O	O	O					
	Fonfría	28	3,730	661,102	1,280	PH(28)			O		O			O
Day 27 (7. 17)	O Biduedo		2,610	663,712										
	Triacastela	873	9,940	673,652	671	XH(80) 3PH(96)	O	O	O	O		O	O	O
	Calvor	25	13,930	678,582	534	XH(22)	O				O			
	Sarria	12,887	5,230	692,812	4453	XH(440) 3PH(105)	O	O	O	O	O	O	O	O

일정	지명	인구	구간 거리	누적 거리	고도 (M)	숙소			구비시설					
						알베르게 (bed)	호스텔 (bed)	호텔	레스토랑 & Bar	식료품 가게	부엌	현금 인출기	약국	인터넷
Day 28 (7. 18)	Barbadelo	13	5,580	698,392	525	XH(18) PH(12)	○				○			
	Ferreiros	240	10,410	708,802	660	XH(22)	○		○		○			
	Portomarín	2,000	9,990	718,792	422	XH(160) 3PH(154)	○	○	○	○	○	○	○	○
Day 29 (7. 19)	Gonzar	37	8,396	727,188	540	XH(20)	○				○			
	Hospitol da Cruz	15	3,722	730,910	680	XH(22)	○				○			
	Ventas de Naron	20	1,960	732,870	702	PH(18)			○					
	Ligonde Eirexe	83	3,450	736,320	625	PH(9) MH(20)	○		○					
	Palas de Rei	4,213	8,330	744,650	574	XH(22) PH(42)	○	○	○	○	○	○	○	○
Day 30 (7. 20)	Sanxulian		3,420	748,070										
	Casanova		3,150	751,220	476	XH(20)					○			
	Leboreiro	84	3,400	754,620	4440	MH(20)								
	Furelos	182	2,890	757,510	415				○					
	Mélide	7,818	3,010	760,520	457	XH(130)	○	○	○	○	○	○	○	○
	Ribadiso da Baixo	8	11,910	772,430	305	XH(62)	○		○					
	Arzúa	6.633	3,140	775,570	388	XH(46)	○	○	○	○	○	○	○	○
Day 31 (7. 21)	Salceda													
	Empalme													
	Santa Irene	27	17,810	793,380	380	XH(36) PH(12)			○	○		○	○	○
	Arca do Pino	368	2,450	795,830	289	XH(120)	○	○	○	○	○	○	○	○
Day 32 (7. 22)	Lavacolla		10,850	806,680										
	Monte do Gozo		6,360	813,040	350	MH(500)			○	○		○	○	○
	Santiago de Compostela	90,188	4,850	817,890	260	PH(50) CHC(60-300) San Lazaro (3일간)	○	○	○	○	○	○	○	○

*CH: 교회기관 운영, MH: 시 운영, PH: 개인 운영, XH: 갈리시안정부 운영

[부록 2] 성 야고보는 누구인가?

스페인의 북서쪽 산티아고 드 콤포스텔라에 묘지가 있는 야고보는 요한(아마도 사도)과 형제이다. 복음서(마태 4:21-22, 마가 1:19-20, 누 5:10-11)에는 그들이 세베대의 아들로써 어부였고 베드로의 동역자였고 예수 사역 초기에 갈릴리 바다 옆에서 그물을 고치는 와중에 예수의 부름을 받았다고 기록하고 있다. 12제자들의 복음서 목록 모두에는(마태 10:2-4; 마가 3:14-19; 누가 6:13-16) 요한과 야보고를 처음 4명 중에 포함시켰으며, 이 중 하나인 마가 3장 17절에서는 예수께서 이들을 '우뢰의 아들'이라 칭했는데 이는 아마도 그들을 받아들이지 않았던 마을(역자 주: 사마리아 사람의 마을)을 불을 명하여 하늘로 좇아 내려 저희를 멸하려 했던 이야기에(누가 9:51-56) 의해 어느 정도 정당화될 수 있을 것이다

야고보와 요한은, 예수가 베드로의 장모를 치료할 때(마가 1:29)와 야이로의 딸을 살릴 때(마가 5:37; 누가 8:51) 그 자리에 있었다. 또한 이들은 예수께서 감람산에서 성전을 마주하고 계셨을 때 조용히 묻던 대화(주: 언제 성전파괴에 대한 예언이 이루어 질 것인가 하는 질문)에서도 기술되고 있다(마가 13:3). 그들은 또한 베드로(안드레는 없었다)와 함께, 예수가 모세와 엘리야를 만나는 현성용 사건(예수의 공생애에서 중요한 사건)에도 함께 있었다(마태 17:1-13; 마가 9:2-8; 누가 9:28-36). 또한 이 세사람은 게세마네 동산에서도 다른 제자들과는 떨어져서 예수와 함께 있었다(마태 26:37; 마가 14:33).

이들의 어머니 살로메는—혹은 그들 자신도—예수께서 나의 잔을 너희가 마실 수 있느냐는 질문에 저들도 할 수 있다고 말할 때, 예수님께 부탁하기를 하나님 나라가 올 때(마태 20:20-28; 마가 10:35-45),

하나는 주의 우편에, 하나는 주의 좌편에 앉게 해달라고 간청하였다. 마지막으로 세베대의 아들들은 디베랴 바다에서 예수가 부활하여 자기를 나타낼 때도 베드로와 함께 있었으며(요한복음 21장 2절), 예수의 승천 후 다락방에 모인 사람들 가운데에 있었던 것으로 언급되고 있다(사도행전 1장 13절). 그 후 야고보에 대해 기록된 확실한 사실은 헤롯왕(기원 후 41~44)에 의한 그의 순교 사건이다(사도행전 12장 1-2절).

성 야고보

그는 작은 야고보 혹은 예수님의 형제인 야고보(유세비우스에 의하면 정의의 야고보)와는 구별하기 위하여 위대한 야고보로 언급되고 있으며 예루살렘 공동체의 기둥이 되었으며 예루살렘의 첫 번째 사제였던 것으로 생각된다(갈라디아서 1장 19절, 2장 9절). 아마도 세 번째 야고보가 있을 수 있는데 이는 거의 알려져 있지 않는 알페오의 아들 야고보이다.

베드로, 요한과 함께 야고보는 예수의 공생애 기간 동안 예수의 가장 절친한 사람들 중에 한 사람이었던 것이 확실한 만큼 성서(정경) 외에서 그의 행적을 찾아보는 것도 의미가 있을 것이다. 다소 단편적인 형태로 전해져 내려오고 있지만 이들 중 몇 권은 정경에 나오는 인물(예: 도마와 막달라 마리아)에 대해 정확하게 설명하고 있는 16개의 외전문서(외경) 중 2권에서 예수님의 형제 야고보에 대해 언급하고 있지만 위대한 야고보에 대해 언급한 것은 한 권도 없다. 외전문서(외경)에서 위대한 야고보라는 유일한 언급은 Ebionites의 성서(4세기 작가인 Epiphanus에 의해 인용된 단편적인 조각으로만 전해져오고 있는)에서만 인데, 여기에서는 디베랴 호수가에서 예수가 부름을 받았다는 이야기에 관한 다른 역본이다.

성서에서 언급된 야고보의 지위나 명성으로 볼 때 외경에서 야고보에 대한 언급이 없는 것은 이상한 일이긴 하지만, 그의 순교가 빨랐다는 점과 그가 예루살렘으로 떠났다는 점에서 일부분 설명이 가능한 것 같다. 전설에 의하면, 사도들은 그 당시 알려진 세계를 몇 개의 선교 구역으로 나눴고 야고보에게는 이베리아 반도가 배정되었다. 이러한 것에 대해 근본적으로 믿기 어려운 것은 아니다. 그 당시 스페인은 이미 로마제국에 의해 통치를 받고 있었으며 바울이 56년 혹은 57년(로마서 15장, 24절과 28절)에 기록하였듯이, 스페인으로 선교여행을 하고자 하는 열망이 매우 확실했다. (한편 바울은 일반적으로 다른 사람들이 선교했던 장소를 방문하는 것을 내키지 않아 했고 그 자신의 교회를 개척하는 것을 선호했기 때문에 야고보가 스페인으로 그의 선교를 떠난다는 것에 대한 반대하였다는 증거가 될 수도 있다.)

오늘날 비아드라플라타(세빌랴(스페인 남서부)로부터 북쪽에 이르는 로마시대 도로)를 걷는 것은, 야고보(혹은 바울)이 알고 있었을 수도 있는 스페인에 대한 선명한 인상들을 여러분들에게도 보여줄 것이다.

론세발스로부터(혹은 그 전에서부터) 여행하는 많은 순례자들은 그들의 두 번째 순례지로는 세빌랴에서부터 시작해서 비아드라플라타를 걷는 것이다. 그러나 카미노에 사람들이 점점 더 많이 모이고 있어서 편의시설들이 지나치게 확장되었기 때문에, 본 페이지는 처음순례를 하는 여러분들에게는 전통적인 카미노에 대신 비아드라플라타를 순례지로 선택하기를 권한다.

비아드라플라타는 세빌랴에서 아스토르가에 이르는 로마시대의 오래된 도로이다. 원래 포장 도로 중 몇몇 구간은 나타나기도 하고, 로마시대의 이정표가 많으며, 수많은 다리들도 아직 남아있다. 그리고 스페인 지역에 있는 가장 부유한 로마시대의 부지인 메리다와 더불어 많은 다른 로마 유적들을 지나치며 볼 수 있기 때문이다. 전설이 사실이라면 이것이 야고보가 알고 있는 스페인이다.

무덤이 발견되기 전인 7세기와 8세기 문서에 따르면 야고보가 예수살렘에 돌아가 순교하기 전까지 스페인에서 전도하면서 수년을 보냈다. 그를 추종하였던 사람들은 그의 시신을 해변가로 가져가서 돌을 나르는 배에 놓았는데, 천사들과 바람이 헤라클레스의 기둥(지브랄타 해협)을 너머 스페인의 북쪽 아틀란타 해안의 파드론, 피니스테레 근처의 땅으로 운반했다고 전해진다. 그 지역의 여왕인 루파 여왕은 시신을 파드론에서 약간 내륙지역에 있는 대리석 무덤 지역(Arca Marmorica)까지 끌어올리기 위해 황소를 제공했다. 이 무덤 역시 그녀가 제공한 것이다. 성 야고보는 그의 제자인 아타나시우스와 테오도르와 함께 묻혔다고 한다. 이들의 무덤 지역은 800년 동안 잊혀져 있었던 것이다.

9세기 초, 한 은둔자인 Pelayo가 환상에 의해서 그 무덤지역으로 이끌림을 받게 되었다. 따라서 무덤이 다시 발견되었고, 그 지역의 수사에 의해서 이곳의 유물들은 성 야고보의 것이 확실함을 인정받게 되었다. 이 시기에 스페인은, 무어인들의 침략에 대항하여 크리스챤들에게 영성을 일으킬 수 있는 새로운 관심과 투사가 필요하였다. 따라서 이 발견은 가장 시기적절한 좋은 순간에 이루어진 것이다. 그리고 순례가 시작되기 시작하였다.

영국 산티아고협회 사이트 사도 성 야고보(카미노) | 작성자 cjswodhkdql인용

[부록 3] 카미노(Camino)

카미노의 역사

9세기에 기독교 당국은 이슬람 침략에 대항하는 방법의 하나로 또는 북부 스페인 사람들이 이교도로 개정하는 것을 막기위해 산티아고까지의 순례를 장려했다. 지역교회 종사자들도 순례자들이 사용할 여행자금을 중요하게 생각했다. 그들에 의한 순례지로서의 산티아고 데 콤포스텔라 띄우기는 중세 마케팅의 하나였다.

순례자들의 숫자는 이 후 수백 년 동안 계속 증가했다(특히 예루살렘을 터키가 점령하면서 그곳으로의 순례가 위험하게 되었다). 프랑스인들이 정말로 적극적이었다. 그래서 피레네 산맥의 생장피드포르에서부터 스페인을 관통해 가는 길을 camino france(프랑스 루트)라고 부른다.

1189년에 교황 알렉산더 3세는 산티아고 데 콤포스텔라를 로마와 예루살렘과 같은 성지로 선언했다. 그의 칙령에 따르면 성스러운 해(산티아고의 날인 7월 25일이 일요일이 되는 해)에 산티아고에 도착하는 순례자는 그동안 지은 죄를 완전히 속죄받고, 다른 해에 도착한 순례자는 지은 죄의 절반을 속죄받는다고 한다.

이 모든 순례길이 모두 자발적인 참회를 위한 것은 아니었다. 종종 자신이 지은 범죄의 대가로 산티아고까지 걷도록 판결을 받기도 했다. 부자들은 이런 경우에 다른 사람이 순례길을 걷도록 비용을 지불하기도 했다. 어떤 경우는 자신이 사는 마을에서 각종 재해(역병, 홍수)를 없애기 위해 순례를 가기도 했다. 또는 패키지 여행이 없던 시절, 더 넓은 세상을 보기 위해 순례를 떠나기도 했다.

순례길에 수많은 교회와 순례자 숙소들이 생겨났다. 종종 기적이 일어났다고 알려진 장소에 이런 것들이 세워졌다. 이러한 교회와 순례자 숙소들이 늑대와 강도가 득실대는 험난한 바깥세상으로부터 순례자들을 지켜줬다.

12세기와 13세기에 순례자들의 숫자가 가장 많았다. 이 시기에 약 50만 정도의 순례자들이 있었고, 순례길을 따라 많은 도시와 마을이 생겨났다.

기독교도의 수복이 완료된 후 순례자 숫자는 줄어들었고, 17세기 이태리 순례자인 도미니코가 안내책자를 집필할 때 쯤에는 상당히 많이 줄었다. 18세기와 19세기에 거쳐 계속해서 서서히 순례자들이 줄어 들었고 21세기 중반에는 몇몇 사람들만 순례를 했다.

순례자들은 줄었지만, 완전히 잊혀진 것은 아니었다. 산티아고(성 야고보)는 여전히 스페인의 수호성인이었고, 지역 주민들은 여전히 자신들의 마을 주변 순례길을 걸을 수 있었다. 1960년에 오 세브레이오의 교구장이었던 돈 에리아스가 "El camino de Santiago"라는 최초의 근대적인 가이드북을 집필하기 시작했다. 1980년대에 카미노의 인기가 높이 치솟았다. 1982년에 교황 요한 바오로 2세가 산티아고 데 콤포스텔라르 교황으로서는 처음으로 방문했고, 1987년에 EU는 카미노를 유럽의 문화유적으로 지정했다. 유네스코는 1993년에 카미노를 세계문화유산에 추가했다.

순례자들은 대부분 프랑스와 스페인을 지나는 거의 표준화된 루트를 따른다. 일부 순례자들은 세비야부터 시작되는 via la plata라는 길을 걷는다. 또는 A Coruna에서 시작되는 영국루트(camino ingles)를 걷기고 한다. 그러나 대부분은 프랑스와 산티아고 사이의 프랑스루트(camino fraces)를 걷는다.

산티아고까지의 마지막 100km 이상을 걸은 순례자는 산티아고 데 콤포스텔라에 있는 순례 사무국에서 콤포스텔라(순례완료증서)를 신청할 수 있다. 순례자 숫자는 성스러운 해에 절정을 이른다. 2004년에 18만의 순례자들이 산티아고에 도착했다. 다음 성스러운 해에는 더 많은 순례자들을 볼 수 있을 것이다. 다른 해에도 약 7만명의 사람들이 카미노를 걷는다. 이중 절반 이상이 스페인 사람이고 나머지는 유럽 여러 나라 사람들이다.

얼마간의 순례자의 관습은 지금까지도 남아 있다. 많은 순례자들이 산티아고(성 야고보)에서 그랬던 것처럼 기다란 지팡이를 사용하고 조개껍질을 배낭에 매달거나 목에 건다. 갈리시아 해변에는 조개껍질이 많았고, 중세에 순례자들은 종종 기념품으로 조개껍질을 여기서 집어 갔다. 조개껍질 모양은 카미노 길의 거의 모든 곳에서 볼 수 있다. (카미노 카페 갈레라 인용)

카미노의 좋은 시기

순례자들은 전통적으로 산티아고 데 콤포스텔라에 산티아고의 축일날 도착하도록 순례일정을 계획한다. 이 날은 현재 갈리시아 지방의 기념일인 7월 25일이며 산티아고 시가 가장 활발해지는 시기이다. 대성당앞 오브레도이로 광장에서는 거대한 불꽃놀이가 벌어진다.

여름 날씨가 가장 확실하다. 물론 갈리시아 지방에서는 언제든지 비가 내릴 수 있고, 메세타 지역은 7, 8월에 무더운 날씨 때문에 고생을 하지만 말이다. 알베르게는 성수기에 순례자들로 넘쳐난다. 여행자들에게 인기있는 지역의 호텔들은 아마도 미리 예약이 꽉 차 있을 것이다. 순례길의 많은 지역에서는 7월부터 각종 축제가 시작된다. 나바레 사람들은 7, 8월에 특히 축제를 즐긴다. 여름의 끝은 수확의 계절이 시작된다는 것을 의미한다. 음식관련 축제들이 곳곳에서 벌어진다.

초가을은 와인 좋아하는 사람들에게 완벽한 계절이다. 라 리오하와 나바라 지방에서는 포도 수확을 시작한다. 또한 야생 버섯들이 많이 나고, 겨울나기를 위해 남쪽으로 향하는 철새들을 관찰하기 위한 적절한 시기이다. 날씨는 종종 온화하고, 어쩌다가 비바람이 불고, 고도가 높은 지역에서는 가끔 눈이 내리기도 한다.

날씨는 겨울에 가장 나빠진다. 자주 내리는 비와 내리는 눈에 대비해야 한다. 성당이나 관광지들이 문을 닫는 경우가 있기 때문에 여행하기에 좀 불편한 시기이다. 겨울에 영업을 하는 알베르게나 호텔에서도 난방이 부족한 경우가 많다. 그럼에도 불구하고, 겨울에 여행하면 굉장하고 유일한 경험을 할 수 있다. 이 시기에 순례길을 가는 배짱 좋은 동료 순례자들을 만나게 될 것이다.

봄이 오면, 날씨가 점점 좋아진다. 높은 지대에서는 여전히 눈이 내리기도 하고, 순례길 중에 비오는 날이 며칠은 있을테니만 말이다. 봄은 들꽃을 보기 가장 좋은 시기이다. 추운 갈리시아 지방보다 따뜻한 메사타 지방에서 꽃이 먼저 피어난다. 또한 다시 북쪽으로 돌아가는 철새들을 관찰하기 위한 가장 이상적인 시기이다.

신성한 해(2010, 2021－산티아고 축일이 일요일이 되는 해)에는 순례길이 항상 붐빈다. 신성한 해에 순례를 마친 순례자는 그동안의 죄를 깨끗이 속죄받게 된다. 이 시기에 산티아고와 순례길의 교회나 대성당에서는 특별한 의식이 행해진다. (카미노 카페 갈레라 인용)

음식

스페인 음식은 지역마다 매우 다양하다. 대부분 맛있고 양이 많은데 반해 야채가 부족한 편이다. 배고픈 순례자들에게는 스페인 식사

시간까지 기다리는 것이 여간 고역이 아닐 것이다. 식당은 오후 2시부터 제공되고 저녁은 9시나 10시 이전에 제공되는 경우가 드물다. 세 가지 코스와 빵과 와인으로 이루어진 오늘의 정식(menu del dia)이 가장 가격대비 만족도가 높은 편이다. 순례길의 많은 레스토랑들은 조금 일찍, 7시 또는 8시부터 순례자용 식사 메뉴(menu del peregrino)를 제공한다. 6~8유로 사이에 3코스 요리와 와인을 즐길 수 있는 꽤 괜찮은 메뉴이다.

대부분의 메뉴에서 각 코스마다 몇가지 중에 선택을 해야한다. 첫 번째 코스(primar plato)는 샐러드에서 스파게티까지 다양하며 종종 메인 코스보다 더 포만감을 주기도 한다. 수프는 꽤 훌륭해서 그거 자체로 식사가 되기도 한다. 마늘과 빵으로 조리한 묽은 스프인 '가난한 사람들의 스프(sopa de ajo)'를 반드시 시도해 보기 바란다. gallego(푸른양배추), 콩과 감자로 만든 진한 스프인 진짜 caldo gallego를 먹기 위해선 갈리시아 지방에 들어설 때까지 기다려야 한다. 채식주의자들은 주의필요! 스프에는 고기가 들어간다. caldo gallego에도 초리소(스페인소세지)가 들어간다. Fabada는 콩과 초리소로 만든 훌륭한 음식이다. 콩은 냄비에서 천천이 조리되면서 소시지의 향을 흠뻑 품게 된다.

두 번째 코스(seguado plato, 세군도 플라토)는 굽거나 볶은 고기를 감자칩 또는 삶은 감자와 함께 제공한다. 닭고기, 소고기, 송아지고기, 돼지고기 등이 가장 일반적이다. 연어가 제공되기도 한다.

아직 좀더 먹을 수 있다면, 디저트(포스트레)는 다행이도 양이 좀 적다. 일반적으로 과일조각, 아이스크림, 플라스틱 통에 들어 있는 요거트가 제공된다.

대부분의 카페와 바에서 보카디요스를 제공한다. —꽤나 양이 많은 샌드위치로 바게트빵 반쪽에 몇 가지를 속에 채워 넣은 것이다. 보카디요스는 종종 그날 부엌에 있는 재료를 가지고 속을 채운다. 주로 치즈, 초리소 또는 하몽 등이다. 가장 맛있는 것 중에 하나가 또르띠예 콘 초리소(초리소 오믈렛)이다.

아침식사는 좀 애매할 수 있다. 일찍 출발한다는 의미는 순례자는 종종 어떤 카페도 문을 열기전 순례를 시작한다는 것이다. 문을 여는 바에서는 토스트 또는 여러 종류의 빵과자 들을 제공한다. 운이 좋다면 또르띠야를 제공하는 바를 만날 것이다. 또르띠야는 감자로 만든 약간 두꺼운 오믈렛으로 식혀서 조각 단위로 판매한다.

훌륭한 식사를 하면서 동료 순례자들을 만나기 위한 가장 좋은 방법은 알베르게에서의 저녁식사에 참여하는 것이다. 대부분의 알베르게에 부엌이 있고, 서로 다른 나라에서 온 사람들이 같이 모여 요리하고, 끓어오르는 냄비에서의 환상적인 소리가 들리고, 또 와인을 따는 소리가 들린다.

쇼핑을 할 때 전형적인 음식 말고 하몽이나 초리소 또는 올리브 같은 것을 시도해 보기 바란다. 스페인의 다양한 기후 때문에 다양한 종류의 과일과 야채를 일년 내내 구할 수 있다. 대부분의 가게에서 직접 과일을 집어 들기 보다는 원하는 것을 달라고 가게 주인에게 부탁해야 할 것이다. 일요일날은 대부분의 가게가 문을 열지 않으니까 음식이 떨어지지 않도록 미리 준비하기 바란다.

카미노 중에 적어도 한번 타파(tapas)를 맛보러 다녀 보기 바란다. 타파는 와인과 같이 먹는 작은 조각 음식이다. 곳에 따라 바텐더가 무료로 제공하기도 한다. 다른 곳에서는 원하는 만큼씩 주문해야 한다. 핀초(pinchos)는 조그만 조각을 의미하고 라시온(raciones)은 커다란 조각을 말한다. 타파를 맛보는 가장 좋은 방법은 친구 여럿과 함께 타파를 맛보며 여러 바를 돌아다니며 지역 주민들과 레알 마드리드의 스트라이커에 대해 토론 하는 것이다. (카미노 카페 갈레라 인용)

음료수

스페인 사람들은 정말로 많은 시간은 카페에서 보낸다. 카페인 없이 지내는 날이 거의 없다. 커피는 상당히 훌륭하다. 작은 마을의 카페에도 자랑할 만한 빛나는 에스프레소기 계가 다 있다. 다양한 커피 메뉴가 있지만 기본적으로 두 개의 옵션이 있다. 진한 에스프레소인 카페솔로(cafe solo) 그리고 밀크커피인 카페콘레체(cafe con leche).

차(tea)는 보통이고 코코아는 구하기 어려울테고 대신 코카콜라를 권하는 곳이 많을 것이다. 다양한 청량음료들이 가능하다. 일반적인 수입제품에서 스페인의 과일 음료수까지, 과일주스는 달콤하고 진해서 톡쏘는 물에 질렸을 때 원기를 회복시켜 줄 것이다.

술을 전혀 먹지 않는 스페인 사람도 음식을 먹을 때 와인을 같이 마신다. 와인은 식사의 한 부분으로 인식되어서 알콜이라고 생각되지 않는다. 스페인의 많은 알콜 관련 속담 중의 하나로 다음과 같은 것이 있다. "와인이 없는 식사는 형편없고 바보같은 것이다."

와인을 만드는 지역 중 레드와인을 만드는 지역인 라 리오하가 가장 유명하다. 이 지역의 부드러운 와인은 여러 나라에서 잘 알려져 있다. 또한 리오하 와인을 좋아하는 사람들은 저렴한 가격에 기뻐하게 될 것이다. 나바라 지방 또는 리베라 델 듀에로 지역에서도 훌륭한 레드 와인이 생산된다.

갈라시아의 시원한 기후는 와인을 생각하는데 이상적이다. 이 지역의 알바리노 화이트(Albarino White)는 오크를 사용하지 않았으며 시원시원한 배 또는 살구의 맛을 낸다. 리베이로 와인은 이 지역 밖에 거의 판매되지 않는다. 이 두 개 모두 이 지역의 해산물과 완벽한 조화를 이룬다.

스페인 맥주는 부드러운 편이고 맛은 보통이다. 산 미굴엘 같은 맥주는 무더운 저녁시간에 기운을 차리게 하는데 도움이 될 것이다. 생맥주를 원하는 카노(cano)를 주문해 보도록.

바는 스페인 문화의 필수적인 요소이다. 바와 카페는 스페인에서 호완되어 사용된다. 저녁늦은 시간에 맛있는 카페솔로를 마실 수 있다. 물론 지역 사람들이 아침에 마시는 카페콘레체보다 더 진한 것을 마시는 광경을 보고 놀랍기도 할 것이다.

바에서 알콜은 매우 싸다. 와인이나 맥주 한잔이 1유로 이내이다. 물론 잔 크기는 기대했던 것보다 조금 작을 수 있다. 다른 유럽 나라에서와 마찬가지로 중앙광장에 있는 바에서는 뒤편에 있는 곳보다 약간 비싸다. 테이블(특히 바깥쪽 테이블)에서 앉아 마시는 것은 바에서 서서 마시는 것보다 조금 비싸다. (카미노 카페 갈레라 인용)

순례자 여권 발급

출발하는 곳 순례자협회 사무실에서 신청서를 내고 증명서를 만든다. 신청서에는 국적과 이름, 나이, 직업, 그리고 길을 걷는 목적을 묻는다. 목적 가운데는 종교적인 이유, 영적인 이유, 문화적인 이유, 스포츠, 기타 등이 있다. 참고로 난 두 번째인 영적인 이유로 답했다. 산티아고까지 걸어서 가는지 혹은 자전거나 말을 타고 가는지 또한 묻는다. 신청서를 적어 제출하면 드디어 순례자 증명서를 발급받는데, 그때 그 곳의 스탬프부터 받아둔다. 순례자 증명서는 산티아고 가는 길을 걷는 동안 신분증 역할을 톡톡히 하게 된다. 순례자 전용 숙소에서 이 증명서를 제출해야 숙소를 배정받을 수 있다. 지나는 곳곳에서 받은 스탬프는 산티아고 가는 길을 걸었다는 증거가 되기도 한다. 스탬프는 알베르게에서도 받을 수 있고, 지나는 곳의 레스토랑이나 바에서도 받을 수 있다. 이렇게 스탬프 가득한 순례자 증명서를 최종 목적지 산티아고-데-콤포스텔라 순례자협회에 제출하면 그곳에서 증명서를 살펴본 뒤 산티아고 가는 길을 걸었다는 증명서를 발행해 준다. 이 증명서는 전체구간 800km 중에서 100km만 걸었어도 발행해 준다. 또 이 100km는 연속적이지 않아도 된다. 그러니까 가다가 힘이 들면 버스를 이용해가며 이동한 뒤 그곳에서 쉬고 다시 걸어도 된다는 것이다. 순례자는 몇 가지로 분류된다. 풀타임 순례자(Full-Time Pilgrim)는 시작부터 끝까지 한 번에 순례를 마치는 것을 말한다. 파트타임 순례자(Part-Time Pilgrim)는 휴가를 이용해, 예컨대 올해는 생장에서 팜플로나까지 내년에는 팜플로나에서 레온까지 이렇게 자신의 여건에 맞게 구간을 나누어 순례를 하는 것을 말한다. 또 주말 순례자(Weekend Pilgrim)가 있는데, 대부분 단체 순례자들로 버스나 차로 출발지역까지 가서 2~3일을 걷는 경우이다.

순례자 숙소 알베르게(Albergue) 이용

알베르게, 또는 리휴지오(Refugio)라고 부르는 순례자 숙소는 지방자치단체에서 운영하는 곳과 성당, 수도원에서 운영하는 곳으로 나뉜다. 순례자들 숫자가 늘면서 곳곳에 사설 알베르게도 많이 생겼다. 숙박비용은 평균 5~8유로 정도이다. 오로지 기부금으로만 운영하는 곳도 있다. 기부라고 하더라도 알베르게는 대부분 오후 1~2시에 문을 연다. 그 전에 도착한 경우 순서대로 가방을 놓고 기다리면 된다. 문이 열리면 증명서에 도장을 받고 숙박비용을 지불한 뒤 침대에 배정을 받는다. 알베르게는 2층 침대에 놓여 있는 공동숙소다. 많게는

150명, 보통 몇 십 명이 한방에서 묵는데, 침대 배정은 남녀를 가리지 않는다. 때론 자원봉사자가 침대를 지정해 주지 않고 순례자가 방으로 들어가 마음에 드는 곳에다 짐을 풀기도 한다. 문에서 가까운 침대는 들락거리는 소리에 편히 잠을 이루기 곤란하므로 되도록 피해야 한다. 침대에 짐을 풀면 먼저 샤워와 세탁을 한 뒤 쉬는게 좋다. 세탁물이 말라야 다음날 들고 떠날테니까, 스페인의 한낮의 열기와 바람 덕분에 빨래는 금방 마르는 편이다. 알베르게의 시설은 조금씩 다르지만 기본적으로 샤워실과 취사가 가능한 부엌이 있다. 시설이 좋은 곳은 수영장, 세탁기, 인터넷까지 갖춘 곳도 있다. 알베르게에 따라서는 밤 10시에 문을 닫는 곳이 있으므로 마을 혹은 도시구경을 나갈 경우 귀가시간을 확인해야 한다. 아침에는 8시 전에 체크아웃을 해야만 한다.

[부록 4] 성지순례

성지순례의 개념

성지순례는 성지와 성역을 방문하여 경배를 드리는 행위로 그 기원은 유대교에서 예루살렘 성전에 수확한 곡식과 가축들을 바치던 것에서 비롯되었다. 이처럼 성지순례는 단순한 여행이 아니기 때문에 선조들이 이룩한 신앙적 유산을 사실적으로 더듬어 가면서 그것이 오늘날 우리에게 어떻게 다가오는가를 사색하지 않고는 진정한 순례가 될 수 없을 것이다. 성지순례는 인생순례이기 때문에 거기에는 늘 감동이 있다. 본래 순례라는 말은 '떠돌아 다닌다'는 뜻의 라틴어(peregrinatio)에서 유래하였다. 기존의 제도와 사고의 틀에서 벗어나 보다 자유로운 유랑활동을 통하여 하나님과의 영적 대화를 시도하는 것이다. '산 속에 있으면 그 산의 참다운 면모를 알지 못한다'는 말처럼 우리는 종종 자신으로부터 훌쩍 벗어나 새롭게 살아있는 자신의 영혼을 돌아볼 줄 아는 방랑의 시간을 가질 필요가 있다. 오랜 수난과 긴 방랑의 슬픈 역사를 가지고 있는 이스라엘 백성의 유랑생활은 매우 적절한 순례적 삶의 한 모델이 될 것이다(최창모). 성지순례란 사람들이 여행을 통해서 거룩한 땅을 방문하여 예배를 드리고 그 거룩한 장소의 성인들을 통해서 복을 빌거나 받을 복에 대한 감사를 드리는 현상으로 조사되었다(구본식). 또한 성지순례의 목적은 심신의 고양 및 소원의 성취와 속죄효과를 기대하는데 있다.

성지순례의 역사

뚜렷하지 않지만 구약성서에 나타나 있는 대로 유대교에서 이스라엘 남자들이 유월절(Pesah)과 오순절(Sukkot) 등 매년 3번씩 예루살렘의 성전에 가서 그들이 수확한 곡식을 바치던 것에서 비롯된 것으로 보인다. 그 후 그리스도교 시대에 들어오면 순례는 신에 대한 흠숭의 의미뿐 아니라 회개하는 행위로, 혹은 성인에 대한 존경의 행위로, 혹은 영적인 은혜를 받기위한 행위로, 혹은 은혜에 감사하기 위한 행위로 인식되었다. 초대교회에서는 주로 예수 그리스도께서 생활하시던 팔레스티나로 순례하였고, 그 후에는 많은 순교자들의 피로 물들여 로마에서의 순례도 성행하였다. 먼저 초기에는 로마의 콘스탄티누스 대제와 그 어머니 성녀 헬레나는 열성적인 신자로서 324년에 예루살렘으로 성지순례를 왔으며, 326년에 예수님의 자취를 찾아다니며 많은 교회를 세웠고, 골고다 언덕에서 예수님의 무덤을 발견하고 그 곳에 성묘교회를 건축함으로써 성지순례를 활성화시켰다. 그 후 예로니모 성인(347~420년)에 의해서 이 지역들이 교회의 성지로 자리잡게 되었고, 6세기 이후 점차 범위가 넓어지면서 많은 순교자들의 피로 물들어진 로마로 순례가 성행하게 되었다. 8세기 이후부터는 성지순례는 신자들의 의무라고 할 정도로 관습화되었으며 초기의 성지순례는 긴 여행과 여러 가지 어려움을 견뎌내야만 하는 극기와 고행의 요소가 내포되어 있었다. 또한 종교개혁 이후로 16세기 종교 개혁자들은 상업적이거나 미신적인 의미로 오용되는 순례를 비판하였다. 이들은 순례를 신자로서의 의무로도, 순례를 통하여 얻어지는 영적인 은총으로도 보지 않았지만 프랑스 대혁명 이후엔 순례의 르네상스 시대가 전개되었으며 점차 여러 새로운 순례지로 신자들의 발길이 끊이지 않았다. 20세기 들어서면서 과학만능주의와 실증론의 영향으로 순례를 보다 학술적인 관심으로 바라보게 되었다 성지순례는 로마제국 말기부터 성행하여 3대 순례지인 예루살렘과 로마, 북부 스페인의 Santiago de Compostella와 같은 성지는 중세 초부터 유럽 전역에 순례지로서 그 명성을 떨쳤다. 11세기부터는, 유럽의 성지순례자들의 라틴왕국의 건설로 여행이 가능하게 된 예루살렘을 비롯한 많은 중동의 여러 성지들도 빈번히 방문하였다(전종현). 하지만 현대에는 순례의 본뜻을 이해하고, 그 의미를 실천하고 체험하기 위한 활발한 순례가 이루어지고 있으며, 팔레스티나와 로마 이외에도 루르드, 파티마, 과달루페 등 성모 마리아께서 발현한 곳에도 순례한다. 이러한 곳에는 매년 수 만명의 사람들이 세계 각국에서 순례를 위해 몰려들고 있다.

참고문헌

ㄱ본식(2002), 「가톨릭 교회의 성지순례」, 『현대가톨릭사상』 27.

권종현(2006), 「기독교 성지순례 관광에 관한 연구」, 동아대학교 박사학위논문.

김남희(2006), 『여자혼자 떠나는 걷기여행(2)』, 미래M&B.

김효선(2007), 『산티아고 가는 길에서 유럽을 만나다』, 바람구두.

파울로 코엘료, 박명숙 옮김(1987), 『순례자』, 문학동네.

신재원(2007), 『엘카미노, 별들의 들판까지 오늘도 걷는다』, 지성사.

정민호(2007), 『산티아고 가는 길』, 에세이.

최창모(1997), 『돌멩이를 먹고 사는 사람들』, 건국대학교 출판부.

Cordula Rabe(2007), *Camino De Santiago*, Rother Walking Guide.

Jose Maria Anguita Jaen, *The Road to Santiago-The pilgrim's practical Guide*, Everest.

http://www.santiago-compostela.net

http://WWW.caminoguides.com

http://www.csj.org.uk (영국 산티아고협회 웹사이트)

http://cafe.naver.com/camino

ichdongho, yoojj41, bynus, 백두산, yoongod3, zpswhan 등 다수 여행기

김연형, 서정순과 함께하는 산티아고 가는 길

별이 내리는 마을에서 길을 묻다

초판 인쇄 2009년 8월 13일
초판 발행 2009년 8월 20일
지은이 김연형 · 서정순
펴낸이 박성복
펴낸곳 도서출판 월인
등 록 제6-0364호(1998.5.4)
주 소 서울시 강북구 흰구름길 19-3(수유2동 252-9)
전 화 (02) 912-5000
팩 스 (02) 900-5036
e-mail worinnet@hanmail.net
homepage http://www.worin.net

ISBN 978-89-8477-435-3 03810

값 12,000원

1

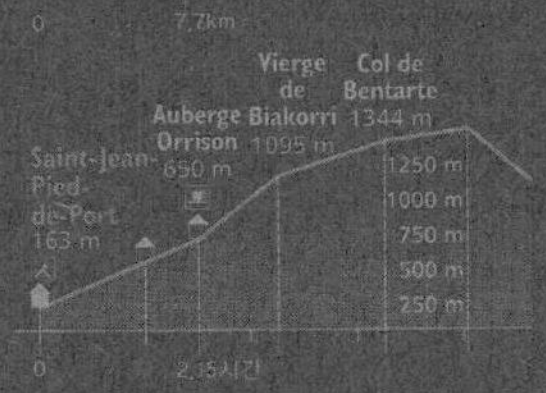

0 7.7km

Saint-Jean-Pied-de-Port 163 m
Auberge Orrison 650 m
Vierge de Biakorri 1095 m
Col de Bentarte 1344 m

1250 m 1000 m 750 m 500 m 250 m

0 2.15시간

2

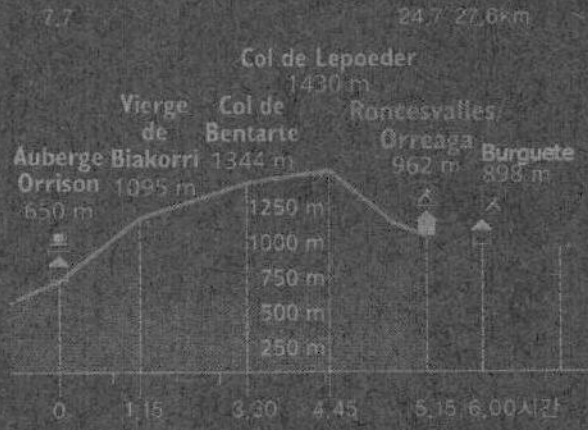

7.7 24.7 27.6km

Auberge Orrison 650 m
Vierge de Biakorri 1095 m
Col de Bentarte 1344 m
Col de Lepoeder 1430 m
Roncesvalles/Orreaga 962 m
Burguete 898 m

1250 m 1000 m 750 m 500 m 250 m

0 1.15 3.30 4.45 5.15 6.00시간

5

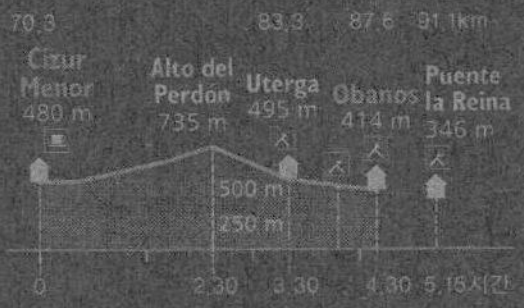

70.3 83.3 87.6 91.1km

Cizur Menor 480 m
Alto del Perdon 735 m
Uterga 495 m
Obanos 414 m
Puente la Reina 346 m

500 m 250 m

0 2.30 3.30 4.30 5.15시간

6

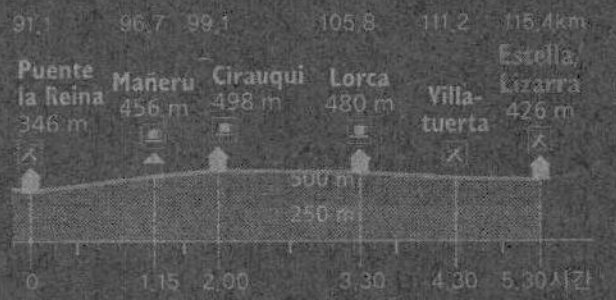

91.1 96.7 99.1 105.8 111.2 116.4km

Puente la Reina 346 m
Mañeru 456 m
Cirauqui 498 m
Lorca 480 m
Villatuerta
Estella/Lizarra 426 m

500 m 250 m

0 1.15 2.00 3.30 4.30 5.30시간

9

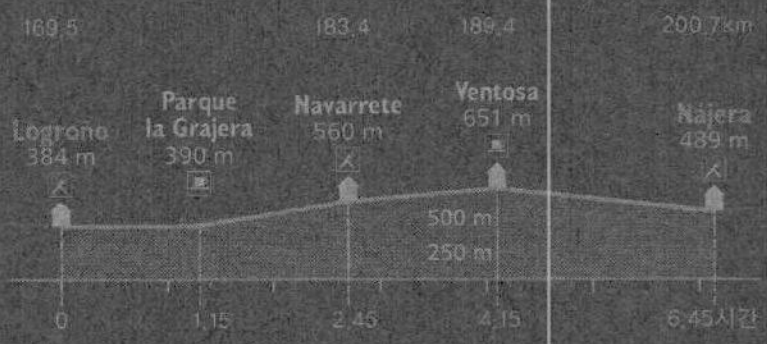

169.5 183.4 189.4 200.7km

Logroño 384 m
Parque la Grajera 390 m
Navarrete 560 m
Ventosa 651 m
Nájera 489 m

500 m 250 m

0 1.15 2.45 4.15 6.45시간

10

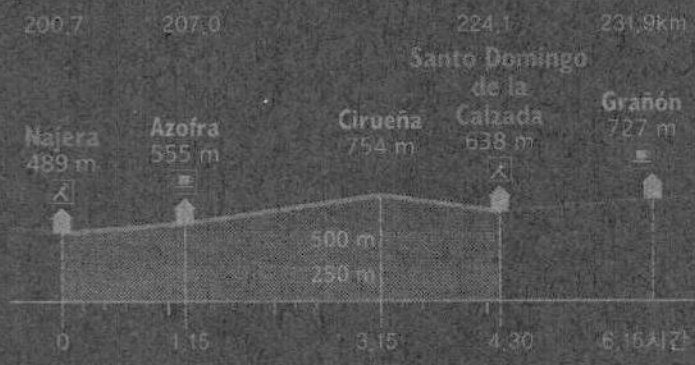

200.7 207.0 224.1 231.9km

Nájera 489 m
Azofra 555 m
Cirueña 754 m
Santo Domingo de la Calzada 638 m
Grañón 727 m

500 m 250 m

0 1.15 3.15 4.30 6.15시간

13

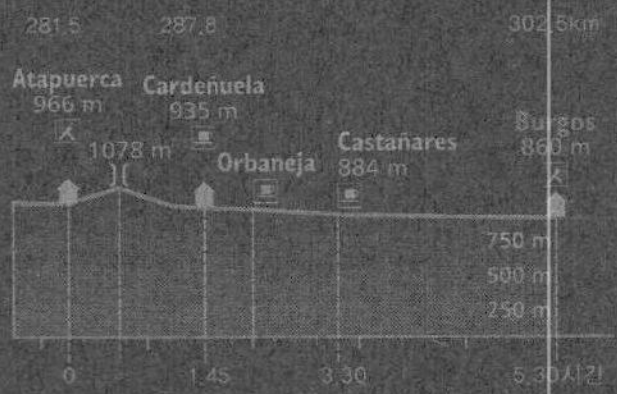

281.5 287.8 302.5km

Atapuerca 966 m
1078 m
Cardeñuela 935 m
Orbaneja
Castañares 884 m
Burgos 860 m

750 m 500 m 250 m

0 1.45 3.30 5.30시간

14

302.5 308.7 314.4 322.1 328.0 332.8km

Burgos 860 m
Villabilla de Burgos 837 m
Tardajos 828 m
Rabé de las Calzadas 831 m
Hornillos del Camino 822 m
San Bol 880 m
Hontanas 870 m

750 m 500 m 250 m

0 1.15 2.20 2.30 4.30 6.00 7.15시간

17

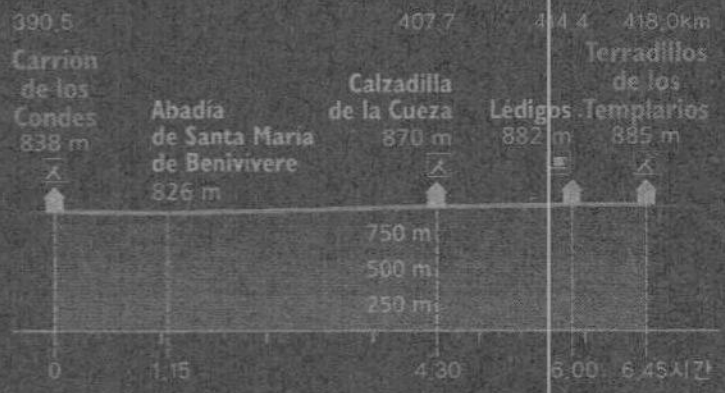

390.5 407.7 414.4 418.0km

Carrión de los Condes 838 m
Abadía de Santa María de Benivívere 826 m
Calzadilla de la Cueza 870 m
Lédigos 882 m
Terradillos de los Templarios 885 m

750 m 500 m 250 m

0 1.15 4.30 6.00 6.45시간

18

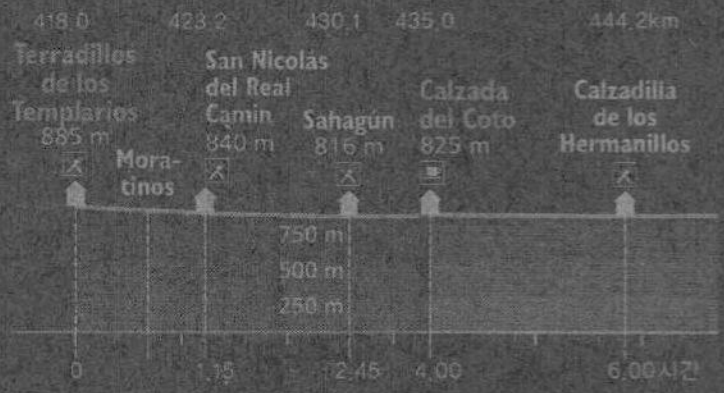

418.0 423.2 430.1 435.0 444.2km

Terradillos de los Templarios 885 m
Moratinos
San Nicolás del Real Camin 840 m
Sahagún 816 m
Calzada del Coto 825 m
Calzadilla de los Hermanillos

750 m 500 m 250 m

0 1.15 2.45 4.00 6.00시간

21

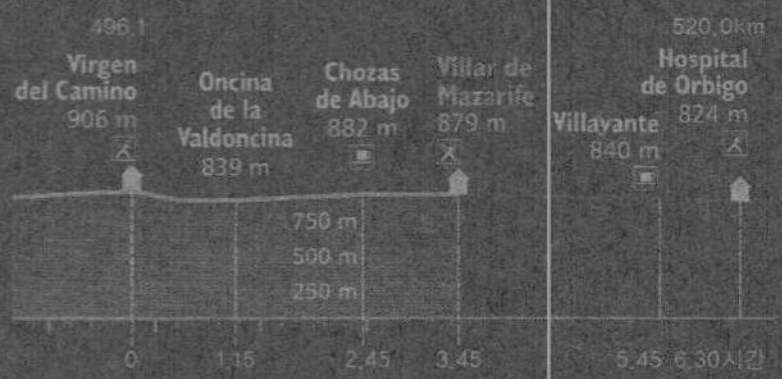

496.1 520.0km

Virgen del Camino 906 m
Oncina de la Valdoncina 839 m
Chozas de Abajo 882 m
Villar de Mazarife 879 m
Villavante 840 m
Hospital de Órbigo 824 m

750 m 500 m 250 m

0 1.15 2.45 3.45 5.45 6.30시간

22

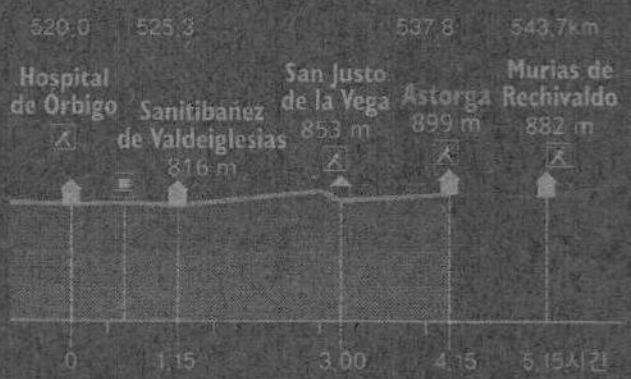

520.0 525.3 537.8 543.7km

Hospital de Órbigo
Sanitibañez de Valdeiglesias 816 m
San Justo de la Vega 853 m
Astorga 899 m
Murias de Rechivaldo 882 m

0 1.15 3.00 4.15 5.15시간

25

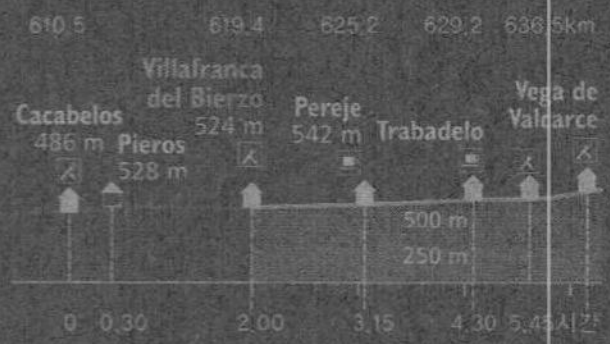

610.5 619.4 625.2 629.2 636.5km

Cacabelos 486 m
Pieros 528 m
Villafranca del Bierzo 524 m
Pereje 542 m
Trabadelo
Vega de Valcarce

500 m 250 m

0 0.30 2.00 3.15 4.30 5.45시간

26

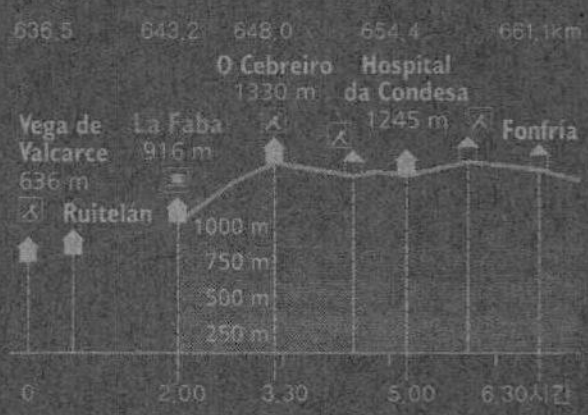

636.5 643.2 648.0 654.4 661.1km

Vega de Valcarce 636 m
Ruitelán
La Faba 916 m
O Cebreiro 1330 m
Hospital da Condesa 1245 m
Fonfría

1000 m 750 m 500 m 250 m

0 2.00 3.30 5.00 6.30시간

29

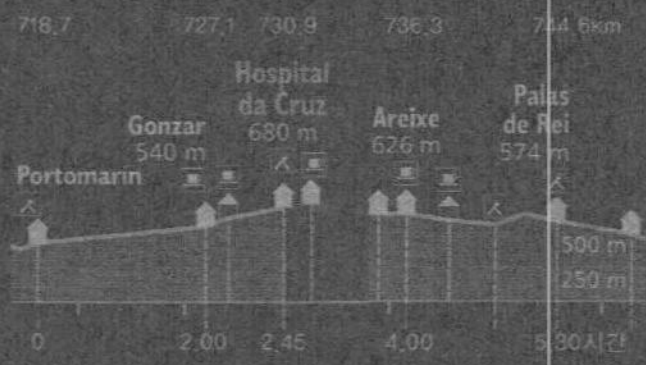

718.7 727.1 730.9 736.3 744.6km

Portomarín
Gonzar 540 m
Hospital da Cruz 680 m
Areixe 626 m
Palas de Rei 574 m

500 m 250 m

0 2.00 2.45 4.00 5.30시간

30

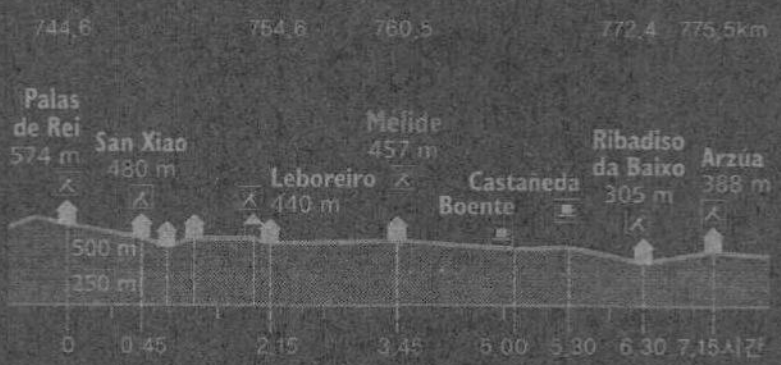

744.6 754.6 760.5 772.4 775.5km

Palas de Rei 574 m
San Xiao 480 m
Leboreiro 440 m
Melide 457 m
Castañeda
Boente
Ribadiso da Baixo 305 m
Arzúa 388 m

500 m 250 m

0 0.45 2.15 3.45 5.00 5.30 6.30 7.15시간

27.6 36.0 45.6 50.1km
Burguete 898 m
Aurizberri 871 m
Bizkarreta 780 m
Alto de Erro 801 m
Zubiri 528 m
Larrasoaña 499 m
750 m
500 m
250 m
0 1.00 2.15 4.00 5.00 6.30시간
50.1 59.1 65.7 70.3km
Larrasoaña 499 m
Zuriain
Irotz
Arleta
Trinidad de Arre 430 m
Pamplona 496 m
Cizur Menor 480 m
500 m
250 m
0 1.30 3.00 4.15 5.30시간
4
115.4 125.8 138.8 147.1km
Estella/Lizarra 426 m
Irache
Azqueta
Villamayor de Monjardín 675 m
Los Arcos 447 m
Sansol 504 m
Torres del Río 479 m
500 m
250 m
0 0.45 2.15 5.00 7.00시간
147.1 158.7 169.5km
Torres del Río 479 m
Virgen del Poyo 558 m
Viana 469 m
Virgen de las Cuevas 440 m
Logroño 384 m
500 m
250 m
0 2.30 4.30시간
8
231.9 236.3 244.0 249.3 254.6 256.8km
Grañón 727 m
Redecilla del Camino 741 m
Villamayor del Río 792 m
Belorado 772 m
Tosantos 818 m
Villambistia 868 m
750 m
500 m
250 m
0 1.00 2.30 3.30 4.45 5.15시간
256.8 262.5 274.6 281.5km
Villambistia 868 m
Villafranca Montes de Oca 950 m
1162 m
San Juan de Ortega 1040 m
Ages
Atapuerca 966 m
1000 m
750 m
500 m
250 m
0 1.15 4.30 5.45시간
12
332.8 341.5 355.2 364.1km
Hontanas 870 m
San Antón 810 m
Castrojeriz 808 m
Alto de Mostelares
San Nicolás de Puente Fitero
Itero de la Vega 769 m
Boadilla del Camino 780 m
750 m
500 m
250 m
0 1.30 2.15 3.15 4.45 5.00 7.00시간
364.1 370.7 374.7 384.9 390.5km
Boadilla del Camino 780 m
Fromista 787 m
Villarmentero de Campos 792 m
Villalcazar de Sirga 809 m
Carrión de los Condes 838 m
750 m
500 m
250 m
0 1.30 3.30 4.30 5.45시간
16
444.2 468.2km
Calzadilla de los Hermanillos
Reliegos 836 m
Mansilla de las Mulas 799 m
750 m
500 m
250 m
0 4.00 5.15시간
468.2 487.9 496.1km
Mansilla de las Mulas 799 m
Villarmoros de Mansilla 800 m
Valdelafuente 875 m
León 838 m
Virgen del Camino 906 m
750 m
500 m
250 m
0 1.00 2.15 3.30 5.30시간
20
543.7 552.6 559.5 565.1 569.4 576.9km
Murias de Rechivaldo 882 m
El Ganso 1013 m
Rabanal del Camino 1162 m
Foncebadón 1439 m
Manjarín 1458 m
1532 m
El Acebo 1145 m
1250 m
1000 m
750 m
500 m
250 m
0 2.00 4.00 5.30 6.45 8.45시간
576.9 579.9 586.8 594.7 604.6 610.5km
El Acebo 1145 m
Riego de Ambros 920 m
Molinaseca 603 m
Campo 555 m
Ponferrada 541 m
Fuentes Nuevas
Camponaraya 492 m
Cacabelos
0 0.45 2.00 2.45 3.30 5.45 7.15시간
24
661.1 673.6 692.8km
Fonfría
O Biduedo 1190 m
Triacastela 671 m
Renche
Samos 550 m
Teiguín 491 m
Sarria
500 m
250 m
0 0.30 1.45 3.00 4.15 5.00 7.00시간
692.8 698.3 708.8 718.7km
Sarria 453 m
Barbadelo 525 m
Morgade
Ferreiros 660 m
Vilacha 440 m
Portomarín
500 m
250 m
0 1.00 3.15 4.45 5.30시간
28
775.8 793.3 795.8km
Arzua 388 m
A Peroxa
Calle 370 m
Brea
Santa Irene 380 m
Pedrouzo
250 m
0 0.45 2.00 4.30 5.00시간
795.8 806.6 813.0 817.8km
Pedrouzo 289 m
San Paio
Lavacolla 300 m
Monte do Gozo 350 m
Santiago de Compostela 260 m
250 m
0 1.45 2.30 4.15 5.15시간
32